DenkMal Hochfranken

Vorbildliche Sanierungen

mit Texten von Enrico Santifaller und

Fotos von Gerhard Schlötzer und Gerhard Hagen

Herausgegeben vom ArchitekturTreff Hochfranken

im Treffpunkt Architektur Ober- und Mittelfranken

der Bayerischen Architektenkammer

DenkMal Hochfranken

Vorbildliche Sanierungen

mit Texten von Enrico Santifaller und
Fotos von Gerhard Schlötzer und Gerhard Hagen

Herausgegeben vom ArchitekturTreff Hochfranken
im Treffpunkt Architektur Ober- und Mittelfranken
der Bayerischen Architektenkammer

Bibliografische Information der Deutschen Nationalbibliothek:
Die Deutsche Nationalbibliothek verzeichnet diese Publikation
in der Deutschen Nationalbibliografie; detaillierte bibliografische
Daten sind im Internet über https://portal.dnb.de abrufbar.

Bayerische
Architektenkammer

Impressum

DenkMal Hochfranken.
Vorbildliche Sanierungen
mit Texten von Enrico Santifaller und
Fotos von Gerhard Schlötzer und Gerhard Hagen

Herausgegeben vom ArchitekturTreff Hochfranken
im Treffpunkt Architektur Ober- und Mittelfranken
der Bayerischen Architektenkammer
Gestaltung und Produktion: sehdition . Verlag für Sehenswertes
Druck: Safner Druck und Verlags GmbH, Priesendorf

ISBN: 978-3-947603-08-4

www.sehdition.de

Förderer

BDA
BUND
DEUTSCHER
ARCHITEKTINNEN
UND ARCHITEKTEN

Schnitzer&

Inhalt

Grußwort
Bayerisches Landesamt für Denkmalpflege

Es ist eine ungewöhnliche Idee, die Präsentation von beispielhaft instand gesetzten Baudenkmälern als ein „Mutmachbuch" zu bezeichnen. Bauen bedarf seit jeher des Mutes, doch viele scheint er beim Thema Baudenkmal noch immer eher zu verlassen. Umso verdienstvoller ist die Initiative des ArchitekturTreff Hochfranken im Treffpunkt Architektur Ober- und Mittelfranken der Bayerischen Architektenkammer und des Porzellanikons, in Zusammenarbeit unter anderem mit dem Bayerischen Landesamt für Denkmalpflege, anhand von mehr als 60 zwischen 1985 und heute abgeschlossenen Sanierungsmaßnahmen von Baudenkmälern aufzuzeigen, wie sehr sich ein solcher Mut „gegen den Strom" auszahlen kann. Die Region im nordöstlichen Oberfranken, die seit dem Niedergang der Textil- und Porzellanindustrie in den 1970er und 1980er Jahren des vergangenen Jahrhunderts und der damit eng verbundenen Abwanderung mit existenziellen Problemen zu kämpfen hat, entdeckt gegenwärtig mehr denn je, was sie auszeichnet, eigenständig und auch lebenswert macht. Hochfranken, der von vielen als entlegen empfundene Landstrich um Hof, Wunsiedel und Marktredwitz, hat begriffen, wie identitätsstiftend die Zeugnisse der eigenen Vergangenheit sind. Zwischen Frankenwald und Fichtelgebirge zeugen eine Fülle von erhaltenswerten Baudenkmälern, von einfachen Blockbohlen- und Strohdachhäusern über die stolzen, nach zahlreichen Stadtbränden meist biedermeierlich wiederaufgebauten Städte bis hin zu besonderen Industrieanlagen oder der Fabrikantenvilla, von einer kulturhistorisch einzigartigen Region – in der es noch vieles zu entdecken gibt. Das vorliegende Buch zeigt eindrücklich, was – entgegen aller Vorurteile – mit Denkmälern möglich ist. Es weckt bei dem einen oder anderen Leser hoffentlich die notwendige Portion an Mut, um es den nun glücklichen und zufriedenen Bauherren gleichzutun. Ich wünsche dieser doch erfrischend anderen Werbung für den guten Umgang mit Baudenkmälern und unserem kulturellen Erbe eine begeisterte Aufnahme in der Region Hochfranken und weit darüber hinaus!

Prof. Dipl.-Ing. Mathias Pfeil
Architekt, Generalkonservator des Bayerischen Landesamtes für Denkmalpflege

Grußwort
Bayerische Architektenkammer

Dieses Buch entführt uns mit wunderbaren Texten und Fotos in eine Region im Nordosten Bayerns, die noch immer unterschätzt wird. Hochfranken hat neben einer reizvollen Landschaft ein vielfältiges baukulturelles Erbe zu bieten. Engagierte Bauherren und Architekt*innen haben in den letzten Jahren zahlreiche Denkmäler mit Stolz und Respekt vor dem Verfall gerettet und vorbildlich saniert. Die Städte und Gemeinden haben den Wert ihres überlieferten Baubestandes erkannt und bemühen sich trotz oft leerer Kassen um die Revitalisierung dieser Gebäude. Dabei helfen staatliche Fördermittel -insbesondere die der Denkmalpflege, der ländlichen Entwicklung und der Städtebauförderung- ebenso wie die der Oberfrankenstiftung. Sanierung vor Abriss ist das Gebot für die Zukunft – mehr denn je. Sanierungen sind ressourcenschonend! Der Vorstand der Bayerischen Architektenkammer hat seine Arbeit in der aktuellen Periode unter das Motto „KlimaKulturKompetenz" gestellt. Damit soll der Wert „Grauer Energie" und die besondere Kompetenz der Architek*innen im kreativen Umgang mit bestehender Bausubstanz betont werden. Da ist dieses Buch passgenau. Es dokumentiert, wie mit fundiertem Fachwissen aus einem ehemals als „Schandfleck" bezeichneten Bauwerk ein einzigartiges Glanzstück wird, wie mit entwurflichem Geschick und Kreativität die vielfältige Nutzbarkeit und Wandlungsfähigkeit alter Gebäude nachgewiesen wird. Nicht nur in Hochfranken warten noch viele Denkmäler und Bestandsgebäude auf eine Sanierung. Möge dieses Buch Entscheidungsträger und Bauherren motivieren, einem dieser Gebäude seine Identität zurückzugeben und ein Stück Baukultur zu erhalten. Ich danke dem ArchitekturTreff Hochfranken im Treffpunkt Architektur Ober- und Mittelfranken als dem maßgeblichen Ideengeber für dieses Projekt und dem engagierten Redaktionsteam für die geleistete Arbeit, die coronabedingt oft nur unter erschwerten Bedingungen stattfinden konnte.

Prof. AA Dipl. Lydia Haack
Architektin und Stadtplanerin,
Präsidentin der Bayerischen Architektenkammer

Vorwort

ArchitekturTreff Hochfranken im Treffpunkt Architektur Ober- und Mittelfranken der Bayerischen Architektenkammer

Wir arbeiten in der Region. Wir arbeiten an der Region. Und ohne ein Herzensverhältnis zur Region, würde es nicht passen, würde es nicht funktionieren. Wir – die Bauleute: die Handwerker, die Fachplaner, die Architekten – sind dieser Region verbunden. Wir schätzen ihre Landschaften, wir schätzen ihre Menschen. Hochfranken ist gesegnet mit der wunderbaren Natur des Fichtelgebirges, ist gesegnet mit der wunderbaren Natur des Frankenwaldes. Es ist gesegnet mit attraktiven Städten und Gemeinden, mit herausragenden kulturellen Einrichtungen und innovativen Unternehmen. Und Hochfranken hat ein beachtliches bauliches Erbe vorzuweisen. Einen architektonischen Schatz, dessen sich viele Hochfranken leider gar nicht bewusst sind. Ein Teil dieses Schatzes wird auf den nächsten Seiten mit prägnanten Texten und herrlichen Bildern präsentiert.

Entstanden ist die Idee zu diesem Buch schon vor einiger Zeit. Mit unseren Projektpartnern, dem Porzellanikon und dem Bayerischen Landesamt für Denkmalpflege, Zweigstelle Schloss Seehof, setzten wir uns intensiv mit unserer fränkischen Region, mit unserer Heimat auseinander. Wir arbeiteten Leuchtturmprojekte der Denkmalpflege heraus. Wir starteten einen Aufruf an die Kollegenschaft, an Landkreise und kreisfreie Städte, deren Bauämter, die unteren Denkmalschutzbehörden und an das Staatliche Bauamt Bayreuth. Aus den eingereichten Vorschlägen wählte eine aus unabhängigen Fachleuten bestehende Jury etwa 65 Objekte aus, die nach 1990 saniert wurden, die eingetragene Denkmäler sind, die einen innovativen Charakter haben.

Eigentlich wurde uns erst während dieser Arbeit so richtig bewusst, welchen Schatz wir hüten. Welche Leistungen unsere Region hervorgebracht hat. Leistungen, die weit über die Region hinaus Bedeutung haben, auch wenn sie hier in der Region nicht immer oder viel zu wenig gewürdigt werden. Wir Architekten bekennen uns zu dem baukulturellen Erbe unserer Heimat. Und so ist dieses Buch ein Zeichen des Respekts. Respekt vor den Werken und Schöpfungen unserer beruflichen Vorgänger. Ganz gleich ob große Namen oder unbekannte Baumeister. Respekt vor den Bauherrn, ohne deren Mut, Tatkraft und natürlich auch finanzielle Mittel viele Ideen nur Papier blieben. Respekt vor den Nutzern und/oder Bewohnern. Nur wenn ein Gebäude mit Freude

und Achtung genutzt bzw. bewohnt wird, ist es ein lebendiges Gebäude. Und gewiss ist dieses Buch auch ein Zeichen von Demut vor der reichen Tradition in der Region Hochfranken.
Freilich: Wir wollen auf den folgenden Seiten kein Museum, keinen Stillstand präsentieren. Alle vorgestellten Gebäude haben schon verschiedene Lebensphasen hinter sich gebracht. Mussten sich anpassen, mussten ertüchtigt, ergänzt, erweitert werden. Mussten beispielsweise oft mehrmals gestiegenen Komfortbedürfnissen angeglichen werden. Auch dies können Denkmäler lehren: Die Wandlungsfähigkeit von manchen hier vorgestellten Gebäuden ist wirklich erstaunlich. Das „DenkMal" drängt uns dazu, unser Berufsverständnis, unsere Bauproduktion zu überdenken. Wenn wir uns mit Denkmälern beschäftigen, lernen wir etwa Grundrisse kennen, die sich über Jahrzehnte, ja Jahrhunderte bewährt haben. Die gezeigt haben, dass sie variabel zu nutzen sind. Wenn wir uns mit denkmalgeschützten Gebäuden beschäftigen, lernen wir Handwerkskünste kennen, die fast schon verloren, fast schon verschwunden sind.

So ist mit dem Bekenntnis zum baukulturellen Erbe unserer Heimat ein Bekenntnis zur baulichen Qualität in der Gegenwart und Zukunft verbunden. Zur Weiterentwicklung, zur Innovation, zum positiven Wandel. Und mit diesem Bekenntnis ist auch eine Einladung an die Leser dieses Buches verbunden, sich daran zu beteiligen. Mitzureden, mitzumachen, mitzugestalten – mitunter auch zu streiten. Lassen Sie uns an der Region Hochfranken weiter arbeiten!

Dank ergeht an den ArchitekturTreff Hochfranken. An Marion Resch-Heckel, Dr. Kathrin Gentner, Dr. Ulrich Kahle und Dr. Wolfgang Schilling. Dank schulden wir dem Autoren Enrico Santifaller und den Fotografen Gerhard Schlötzer und Gerhard Hagen. Auch bei Arnd Rüttger (Layout) und Heike Rödel (Organisation) müssen wir uns bedanken. Ebenso bei den Förderern dieses Buches – als da wären: BDA Landesverband Bayern, Bayerische Architektenkammer, Bayerisches Landesamt für Denkmalpflege und der Firma Schnitzer&.

Dipl.-Ing. Univ. Peter Kuchenreuther
Architekt und Stadtplaner, Sprecher des ArchitekturTreff Hochfranken
im Treffpunkt Architektur Ober- und Mittelfranken
der Bayerischen Architektenkammer

Übersicht der Projekte

G Im Entstehen

Die Magie der Orte

Von der Aktualität hochfränkischer Denkmäler

Reichtum. Schierer Reichtum, Reichtum auch für wenig Geld, Pracht und Sinnenfülle, Großartiges und Raffiniertes. Denkmäler in Hochfranken bedeuten ein überwältigendes Spektrum an Farben und Formen, ein glanzvolles Fest für die Augen, eine eindrucksvolle Parade an erstaunlichen Leistungen. Die in diesem Buch präsentierten über 65 denkmalgeschützten Gebäude zeigen, dass man, um Baukunst zu sehen, nicht weit fahren muss. Es gibt sie vielfach um die Ecke, ganz selbstverständlich im Alltag, manchmal in Winkeln, in denen man es nicht erwartet hätte. Denkmäler sind überall. Man muss nur richtig hinschauen und zuhören, nicht locker und sich nicht abschrecken lassen, sich altbekannten Pfaden verweigern und neue Wege gehen. Kurz: sich öffnen. Natürlich gehört Neugierde dazu, Kraft, Engagement, Fleiß, Mut, Zeit und Geduld. Um Denkmäler zu aktivieren, muss man das Hirn anstrengen, sind Wissen und Einfallsreichtum gefordert, ist die Expertise von Architekten und Handwerkern gefragt. Und Geld von dann doch zahlreichen Förderern. Mitunter muss man sich auch zusammentun. Wie in Hof, in Hohenberg oder aktuell in Selb-Erkersreuth eine Initiative gründen, um ein eigentlich nicht zu rettendes Denkmal gerade noch zu retten, wie in Kaiserhammer ein Denkmal mit stetem Leben zu füllen, oder wie in Helmbrechts mit temporären Nutzungen auf Denkmäler und andere historische Gebäude aufmerksam zu machen. Denkmäler fordern. Denk mal – das ist schon im Wortsinn begründet. Denkmäler in Hochfranken – das jüngste der hier vorgestellten ist gerade ein halbes Jahrhundert, das älteste knapp 700 Jahre alt – heißt eine begeisternde Fülle an

Geschichten. Ein riesiges Reservoir an Anekdoten und Histörchen, an Rührstücken, Dramen und Tragödien. Schon jedes einzelne denkmalgeschützte Gebäude kann von seinen Erbauern berichten, von seinem ursprünglichen Zweck und Nutzen, von Veränderung und Wechsel, von Niedergang und Neuentdeckung, von tiefem Fall und neuem Glanz. Es kann lustige Geschichten erzählen, bisweilen traurige, überraschende und seltsame, Helden- und andere stolze Geschichten, Geschichten von Erfolgen und von Niederlagen, Geschichten zum Kopfschütteln und zum Augenreiben, Geschichten mit stringenter Handlung oder sich überlagernden Handlungssträngen. Es sind Geschichten von starken Frauen und sensiblen Männern und umgekehrt auch. Geschichten vom menschlichen Umgang miteinander, Geschichten, wo man gar nicht weiß, wie man sie anfängt, und Geschichten mit ungewissem Ausgang. Geschichten, wie das Leben so spielt.

Geschichte(tes)

Weil die Geschichte der Menschen sich in ihren Bauwerken spiegelt, so erzählen die nachfolgend in Wort und Bild dargebotenen Gebäude ein Stück der Geschichte Hochfrankens. Jene Gegend im Nordosten Bayerns, die einen Teil des Fichtelgebirges, einen Teil des Frankenwaldes und einen Teil des Vogtlandes einnimmt, also weder geografisch, noch historisch eine Einheit bildet. Eine Region, durch die eine Sprachgrenze – jene vom fränkischen zum altbayerischen Dialekt – verläuft. Und das wiederum heißt eine Konfessions- und Kulturgrenze – inklusive der Baukultur. So verläuft die Trennung zwischen Fachwerk- und Blockbau etwa entlang der Sprachgrenze. Dieses Hochfranken teilt ein vorindustrielles Erbe, teilt das von Alexander von Humboldt Ende des 18. Jahrhunderts reaktivierte Bergbau- und Hüttenwesen. Dieses Hochfranken, das schon bald – nach der Fertigstellung der Ludwig-Süd-Nord-Bahn inklusive Neben- und Stichstrecken – Mitte des 19. Jahrhunderts und früher als andere Gegenden Bayerns industrialisiert wurde. Das sich zu einem Schwerpunkt der Porzellan-, der Textil- und Natursteinindustrie entwickelte. Das sich auch anderen Industriezweigen öffnete – im Rückblick allerdings zu wenig. Das nach dem Zweiten Weltkrieg von seinen Versorgungs- und von seinen Absatzmärkten abgeschnitten, das plötzlich an den Rand gedrängt war. Sich nur durch viel, viel (Förder-)Geld und niedrige Löhne über Wasser hielt. Und dann, nach dem Epochenbruch 1989, als die Euphorie riesig war, als die blühenden Landschaften so nah schienen, die Erwartungen ins Unermessliche stiegen, kam die große Enttäuschung. Was vorher gerade noch so am Leben erhalten wurde, brach nun endgültig weg. Zog nach Norden in den früheren Osten, wo die Förderung nun höher war, zog noch einige Kilometer weiter in den Osten, wo die Löhne noch niedriger waren. Es war kein Strukturwandel, es war ein Strukturbruch, der Hochfranken nach der Wende ereilte. In der Porzellanindustrie, in der Textilindustrie, in der Natursteinindustrie, aber auch im Tourismus. In Hochfranken herrschte nach den Worten eines Bürgermeisters kollektive Depression. Und wo Fabriken abgerissen wurden – und das waren einige –, da kamen den Menschen an den Absperrzäunen die Tränen.

→

Hochfranken ist seit mehr als 200 Jahren, als es mit Oberfranken – damals noch als „Obermainkreis" – Teil des zum Königreich aufgestiegenen Bayern wurde, eine Schicksalsgemeinschaft. Die Landkreise Hof und Wunsiedel im Fichtelgebirge mit ihren Städten und Gemeinden teilen ein gemeinsames Erbe. Ein kleiner Teil des baulichen Erbes wird hier präsentiert. Dieses Erbe ist sowohl Nachlass wie Neuanfang. Gerade im gebeutelten Hochfranken – wo man sich lange nicht um das (bauliche) Erbe kümmerte, weil man eben andere Probleme hatte – bedeutet das aktive Erhalten von historischen und denkmalgeschützten Gebäuden auch das Wiedergewinnen kollektiver Identität. Freilich: „Was du ererbt von deinen Vätern hast, erwirb es, um es zu besitzen", heißt es im Faust. Es geht ums Erhalten, ums Konservieren. Es geht aber auch darum, das Erbe tatsächlich zu nutzen. Sanierte Denkmäler stehen auch dafür, dass sich ihre Bauherren und Benutzer für ihre Region einsetzen. Dass sie vernachlässigte, gering geschätzte, übersehene Gebäude der Vergessenheit entreißen. Dass sie Gegend zum Ort machen. Möglicherweise magische Orte. Das ist Heimatpflege im besten Sinne.

Und Hochfranken hat sich wieder aufgerappelt. Trotz aller Probleme und Herausforderungen, es ist ein Aufschwung zu verzeichnen. Die Stimmung, sagt Thomas Schwarz, der erwähnte Bürgermeister aus Kirchenlamitz, sei positiv. Die Wirtschaftskraft wächst, es gibt ausreichend Arbeitsplätze. Selbst das Wanderungssaldo, so das Demografie-Kompetenzzentrum Oberfranken, ist besser als noch vor ein paar Jahren prognostiziert. Menschen, die zur Ausbildung in Großstädte gingen, kommen – anders als früher – wieder zurück. Natürlich hat es die Corona-Pandemie nicht leichter gemacht. Städte und Gemeinden wie Bad Alexandersbad oder Bad Steben, die von der Zusammenkunft vieler Menschen leben, haben wegen der Kontaktbeschränkungen kräftig gelitten. Und doch: Corona und die deswegen angeordnete Homeoffice-Pflicht haben gezeigt, dass in einer Reihe von Wirtschaftssektoren effektives Arbeiten auch zu Hause, dass Zusammenkunft auch über Videokonferenz möglich ist. Auch wenn die Bedingungen – das Homeoffice wurde ja oft von Homeschooling begleitet – nicht die besten waren. Die Zukunft wird erst zeigen, ob Homeoffice und die zumindest zeitweise Verlagerung des Arbeitsortes eine Chance für den ländlichen Raum bedeuten kann – schnelle Datenverbindungen vorausgesetzt. Das Schaffen von Coworking-Spaces könnte diese Entwicklung beschleunigen.

Pionierleistungen

Hochfranken bedeutet immer mal wieder ganz vorne dran zu sein. Dass die Hochfranken das können, zeigt das bauliche Erbe. Beispiel Rothbühl: Auf einer Anhöhe im Norden von Selb baute Bauhaus-Gründer Walter Gropius sein Alterswerk. Dies wäre nur ein biografisches, letztlich wenig relevantes Detail, hätten er, sein Team und die beteiligten Planer von Rosenthal nicht auch den ganzen Herstellungsprozess des Porzellans analysiert – und neu erfunden: von der vertikalen Produktion (wie sie noch schön im ehemaligen Porzellanwerk Jakob Zeidler & Co, dem heutigen Porzellanikon zu sehen ist) auf die horizontale Herstellung. Die aufgrund dieser Analyse gebaute Fabrik ist ebenso flexibel wie robust und funktioniert bis heute. 55 Jahre nach Eröffnungstermin. Mit dem Feierabendhaus ist dieses Werk darüber hinaus ein Zeichen dafür, dass man damals in Selb im Verhältnis Arbeitgeber zu Arbeitnehmer ganz neue Wege ging. Dass das Werksgelände mit einer großzügigen Grünfläche, Büschen und Bäumen, mit einem Teich inklusive Springbrunnen ausgestattet war, dass ein Schwarm Flamingos herumstolzierte, zwischenzeitlich auch eine stattliche Dammwildherde, zeigt, dass man sogar mit dem Einbeziehen der Natur in die Arbeitswelt experimentierte. Beispiel Lutherkirche, Bad Steben: eine Pionierleistung des Architekten Richard Neidhardt. Der Bau ist mit der Ulmer Garnisonskirche das erste Gotteshaus in Deutschland, das den neuen Baustoff des 20. Jahrhunderts – Beton – im Inneren sichtbar zeigte. Neidhardt ließ die Oberfläche des Eisenbetons vom Steinmetz bearbeiten und nutzte die statischen wie ästhetischen Möglichkeiten des neuen Materials. Andererseits bediente der wenig bekannte Baumeister sich querbeet aller möglicher Stile und Traditionen, integrierte damit das auch für die Kurgäste dienende Gotteshaus in den räumlichen und kulturellen Kontext: Heimat außen, Avantgarde innen. Ein großartiges, in seiner Originalität wirklich beeindruckendes Stück Baukunst von nationalem Rang, das in Oberfranken selbst kaum gewürdigt wird. Auch die Glasschleif in Marktredwitz, vergleichbar mit der ungleich berühmteren AEG-Turbinenhalle in Berlin, oder das erwähnte Porzellanikon in Selb, das neue Wege in Sachen Industrie-Denkmalpflege ging, sind Denkmäler überregionaler Bedeutung. Und die hochfränkischen Scheunenreihen – wie etwa die in Weißenstadt – stellen erfolgreiche Versuche dar, mit rationaler Stadtplanung der Geißel der Stadtbrände im 19. Jahrhundert Herr zu werden. Zwar hat man es nicht geschafft, Textilwerke zu erhalten und unter Denkmalschutz zu stellen, doch gewähren insgesamt sieben hier vorgestellte Gebäude einen guten Einblick in die Lebensverhältnisse der Textilindustrie: Die Textilbarone ließen sich kleine Palais wie die stattliche Münch-Ferber-Villa in Hof sowie die reich geschmückten Villen Pittroff und Weiss in Helmbrechts bauen. Die armen Weber dagegen lebten beispielweise in kleinen, mit Stroh gedeckten Häusern wie dem in Neudorf-Schauenstein oder im Helmbrechtser Ortsteil Kleinschwarzenbach. Die „Halle" in Hof diente als Lagergebäude der Vogtländischen Baumwollspinnerei, während das Kontorgebäude und das Kesselhaus in Marktredwitz zur ehemaligen Buntweberei Benker gehörten. Dass Granitabbau und -verarbeitung einmal ein großer – natürlich von der Eisenbahn begünstigter – Erwerbszweig im Fichtelgebirge war, davon künden zwei hier präsentierte Villen sowie zahllose Tür- und Fenstergewände, Bodenbeläge, Treppen, Pfosten und Sockel. Auch bauliche Überreste noch vorindustrieller Metallgewinnung sind in diesem Buch vertreten. Schließlich: Überragende zeitgenössische Architektur verträgt →

sich ausgezeichnet mit in die Jahre gekommenen Denkmälern, wie Beispiele in Bad Alexandersbad und Lichtenberg beweisen.

„Wandlungsfähig“

Denkmäler sind, wie sie Artikel 1 des Bayerischen Denkmalschutzgesetzes definiert, „von Menschen geschaffene Sachen, deren Erhaltung wegen ihrer geschichtlichen, künstlerischen, städtebaulichen, wissenschaftlichen oder volkskundlichen Bedeutung im Interesse der Allgemeinheit liegt“. Denkmäler sind meist alte Gebäude, haben viele Phasen durchlebt und haben die Eigenschaft, sagt der bayerische Generalkonservator Mathias Pfeil, „wandlungsfähig“ zu sein. Deswegen ist nach den beiden Kunsthistorikern Marion Wohlleben und Hans-Rudolf Meier das Erhalten von Denkmälern sowohl Kultur- und Erinnerungsarbeit als auch nachhaltiges Handeln. Es gehe um „nicht reproduzierbare materielle (historische Bausubstanz) und geistige Ressourcen (Informationen und Botschaften)“, Denkmalpflege sei „eine Art von Vorratshaltung interessanter historischer Möglichkeiten“. Beispiel besagte Scheunenreihen: Eine zu Wohnhaus umgebaute frei stehende Scheune in Weißenstadt und eine für ein Architekturbüro umgenutzte Scheune in Marktredwitz lassen erkennen, dass mit den „Stodln“ weit mehr möglich ist, als in ihnen nur Autos, Möbel oder Ähnliches unterzubringen. Das gilt für landwirtschaftliche Nebengebäude ganz generell: Man kann in ihnen Ferienwohnungen einrichten oder Schulungsräume – Beispiele sind hier zu finden.
Die zahlreichen, in diesem Buch vorgestellten Wohnstallhäuser, die markgräflichen Amtshäuser und die Stadthäuser in Hof, Wunsiedel und Marktredwitz zeigen, was unter interessanten historischen Möglichkeiten zu verstehen ist: Sie sind seit ihrer Erbauung schon auf vielfache, manchmal auch ganz erstaunliche Weise genutzt worden. Die Flexibilität dieser alten Gebäude ist weitaus größer als die von Gebäuden, die seit dem Ersten Weltkrieg und dem Erscheinen der Klassischen Moderne errichtet wurden. Erst das Trennen von Wohnen und Arbeiten, das Ausdifferenzieren der Arbeitswelt und dem Entstehen vieler neuer Wirtschaftssektoren machte die immer größere Spezialisierung von Gebäuden möglich – und nötig. Das Optimieren der Räume und ihre Erschließung auf einen bestimmten Zweck hin wurden erst ab diesem Zeitpunkt erforderlich. Ein Beispiel: In einem heute errichteten Einfamilienhaus, in einer heute gebauten Geschosswohnung ist – bis auf die mühsam abgezwackte Arbeitsecke oder das Arbeitszimmer – nicht viel anderes als Wohnen möglich. Das allerdings weitaus komfortabler als früher. Das robuste Wohnstallhaus dagegen – wunderbar zu sehen in den erwähnten Weberhäusern – musste eine ganze Reihe an Tätigkeiten inklusive der Erwerbsarbeit und das Sichern der Ernährung mit dem Halten von Nutztieren ermöglichen. Die Hammerwerke hatten bis ins 19. Jahrhundert zur Versorgung der Hammerherrenfamilie und der Arbeiter umfangreiche Landwirtschaften. Die marktgräflichen Amtshäuser sind, das legt das Wort schon nahe, bereits ein Ergebnis von Spezialisierung. Doch waren ihnen zum einen meistens landwirtschaftliche Gebäude zugeordnet, zum anderen waren die Räume so großzügig und so robust, dass sie vielfach nutzbar waren – und bis heute sind. Das gilt auch für Villen und städtische Häuser einschließlich der Gründerzeit.

Das Wiederentdecken der Beständigkeit

Den einleitend erwähnten Reichtum kann man auch so verstehen: Denkmäler bieten eine wunderbare Vielfalt von Nutzungsmöglichkeiten. Sie sind in diesem Sinne

„reicher“ als moderne Gebäude. Denk mal! Sie fordern uns auf, über Räume und deren Möglichkeiten nachzudenken. Sie laden uns ein, über die aktuelle Bauproduktion nachzudenken und über die vor 100, 200 oder 300 Jahren. Die Stildiskussion ist eine Frage unter vielen. Wichtiger ist die Frage nach dem Städtebau, also die Frage nach dem Zusammenhang, und noch wichtiger ist die Frage: Wer baut für wen mit welchen Materialien unter welchen Bedingungen und Vorschriften – bzw. lässt bauen? Dieses Thema ist aktueller als jemals zuvor. Denn der Klimawandel zwingt uns zu einer radikalen Wende im Bauen. Der Bausektor ist „der größte Klimakiller“. Das sagen keine radikalen Umweltaktivisten, das rechnet das Bundesamt für Bauwesen und Raumforschung vor: Mindestens 40 Prozent der CO_2-Emissionen werden hierzulande durch Bau und Betrieb von Gebäuden verursacht, mehr als 50 Prozent des gesamten Abfallaufkommens stammen aus der Bauwirtschaft. Das heißt: Statistisch gesehen fallen pro Jahr pro Bundesbürger zweieinhalb Tonnen Bauschutt an. Elf Prozent aller Treibhausgase werden weltweit allein durch das Herstellen von Zement ausgestoßen. Der Bausektor trägt aber nicht nur durch die erheblichen Emissionen zum Zerstören der Umwelt bei, sondern auch durch einen enormen Ressourcenverbrauch. 90 Prozent aller mineralischen, nicht nachwachsenden Rohstoffe werden für den Bau von Gebäuden verwendet. Sand und Kies werden weltweit jetzt schon knapp, Holz- und Stahlpreise explodieren.
Immer dickeres Dämmen von Gebäuden, eine immer ausgeklügeltere Haustechnik werden auf keinen Fall reichen, das Bauen klimaverträglicher zu machen. Zumal deren Herstellung ebenfalls nicht zu knapp Energie verbraucht, ihre Haltbarkeit begrenzt und das Entsorgen schwierig ist. So ist der Bestand in den Mittelpunkt gerückt. Seit Jahrzehnten berichten architektonische Fachzeitschriften über gelungene Umbauten, Erweiterungen, Ergänzungen, Sanierungen, Modernisierungen, Instandsetzungen, Reparaturen, Restaurierungen usw. usf. Doch weil erstens die Auswirkungen des Klimawandels immer spürbarer werden, zweitens die Politik schärfere Gesetzte erlässt bzw. die Rechtsprechung nach solchen verlangt und drittens erkennbar wird, dass die erwähnten Anstrengungen in Sachen Dämmen und Haustechnik nicht ausreichen, richten derzeit →

die Architektenverbände ihren Fokus auf die vorhandenen Gebäude. Massiver denn je. Ausstellungsreihen wie „Sorge um den Bestand", Fachkonferenzen wie „Die Abreißerei muss ein Ende haben" oder Symposien über den „Aufbruch ins Bestehende" signalisieren ein Hinwenden an das bereits Gebaute. Es tauchen neue Vokabeln auf: „Umbaukultur", „Suffizienz" oder „Urban Mining". Die Bayerische Architektenkammer hat sich 2022 für die nächsten fünf Jahre das Motto „KlimaKulturKompetenz" gegeben. Und die Architekten wenden sich – anders als noch vor einem oder zwei Jahrzehnten – seit wenigen Jahren vernehmbarer und deutlicher an die Politik. „Die Lösung der drängendsten Fragen des Bausektors, gleich ob Wohnungsbau oder anderer Vorhaben, ist vor allem im Bestand zu finden." Dieser apodiktische Satz entstammt einem offenen Brief, mit dem sich eine Reihe von Architekten- und Umweltverbänden im Januar 2022 an Bundesbauministerin Klara Geywitz wandten. Hauptintention des u.a. vom Bund Deutscher Architektinnen und Architekten (BDA), von der Organisation „Architects for future" sowie etwa 30 Architekturprofessoren unterzeichneten Schreibens ist, dass Geywitz' ehrgeizige Zielmarke, 400.000 Wohnungen in der Legislatur bis 2025 zu errichten, mit einem Bauen zu verbinden, das Klima und Ressourcen schont. Deswegen müsse, fährt der Brief fort, dabei der „Umbau den Vorrang vor Neubau erhalten" und der „Abriss bestehender Gebäude weitmöglichst vermieden werden". Das Bauen von morgen ist viel mehr als noch vor ein oder zwei Jahrzehnten eine Auseinandersetzung mit dem Bauen von gestern – gleichviel wie lange dieses Gestern zurückliegt. Wobei die Wiederverwendung von Bauteilen, die Zweitnutzung von Baustoffen nun keine Erfindungen der vergangenen Jahre sind.

Denn sie wissen, was sie tun

Und doch: Diese ganzen Vokabeln, die mit dem Bauen im Bestand verbunden sind, gehören auch zur Sprache der Denkmalpflege. Auch wenn die Begriffe meistens diffus sind und sie deshalb in den Gesetzen zum Denkmalschutz, wenn juristische Eindeutigkeit gefragt ist, in der Regel keine Verwendung finden. Doch sollte Denkmalpflege der Bestandspflege im skizzierten Sinn vielfache und praktische Anregungen geben können. Bei jedem Denkmal ist individuell zu entscheiden, mit welcher Maßnahme es dauerhaft erhalten werden kann. Bei jedem Denkmal ist ein Ermessensspielraum vorhanden. Und jeder Denkmalpfleger weiß, dass Denkmäler genutzt werden müssen – sonst verfallen sie. So geht es stets um schwierige Entscheidungen. Auch bei den in diesem Buch vorgestellten Denkmälern. Doch bei den Recherchen zu diesem Buch war sehr viel Positives zu den in Hochfranken tätigen Denkmalpflegern zu hören. Sei es fachliche Hilfe, sei es die inhaltliche Diskussion, sei es der Zugang zu Förderungen und Fördergebern: Die in diesem Buch versammelten denkmalgeschützten Gebäude, die in den vergangenen 30 Jahren jeweils eine Instandsetzung, Modernisierung oder Restaurierung erfahren haben, stellen für die Denkmalpflege auf den unterschiedlichen Ebenen eine wirklich eindrucksvolle Erfolgsbilanz dar. Wobei die Denkmalpflege mit den in sie involvierten Architekten in der Regel einen guten Partner hatte – und umgekehrt. Und: Die in Hochfranken wichtigen Architekten – auch in dieser Publikation gut vertreten – leben und/oder arbeiten selbst in Denkmälern. Sie sind (Um)Bauherren und Nutzer historischer Gebäude, wissen aus eigener Erfahrung um deren Poten-

ziale und um deren Schwachstellen. Sie sind beschlagen, wenn es um Nutzungs- und Fördermöglichkeiten geht. Und sie kennen auch die benötigten Handwerker und Fachplaner – meistens persönlich und auch schon lange. So solche Architekten den Auftrag erhalten, sich um ein denkmalgeschütztes Gebäude zu kümmern, es instand zu setzen, es zu modernisieren oder energetisch zu ertüchtigen, dann wissen sie, was zu tun ist.
Und das ist gut so. Denn: Im vermeintlich konservativen Bayern, rechnet der Zukunftsrat der bayerischen Wirtschaft vor, stammen nur 18 Prozent der Gebäude aus der Zeit vor 1948. Kein anderes Bundesland hat einen so niedrigen Wert vorzuweisen. Innerhalb Bayerns schaut es nochmal anders aus: In Oberbayern liegt der Anteil der vor 1948 errichteten Gebäude bei 13 Prozent, in Oberfranken bei 25 Prozent – also fast doppelt so hoch. (Zahlen für Hochfranken wurden leider nicht erhoben.) Viele Denkmäler, auch das ist die Wahrheit, rotten vor sich hin, sind in keinem guten, sind in erschreckendem Zustand, sind in Gefahr. Es gilt also potentielle Bauherren, mögliche Denkmaleigentümer – private als auch institutionelle – zu überzeugen. Von der Wandlungsfähigkeit der historischen Gebäude, von ihren Nutzungsmöglichkeiten, von der Sinnenfreude, die diese „alten Kästen" bieten. Das Bayerische Landesamt für Denkmalpflege (BLfD) hat dazu viele verdienstvolle Schritte unternommen. Das Onlineangebot – inklusive Denkmal-Atlas und Denkmal-Börse – ist enorm. Ebenso die verschiedenen Informations-, Beratungs- und Service-Dienste und die eigens eingerichtete „Task-Force".[1] Dies gilt auch im Vergleich zu anderen Bundesländern.

Nur in Bayern gibt es darüber hinaus einen konzeptionellen Ansatz, der Bürger und Kommunen proaktiv unterstützt, sich mit dem baulichen Erbe ihres Ortes zu beschäftigen und für dessen Weiterentwicklung einzusetzen. Die vom BLfD geförderten, für jeden Ort stets maßgeschneiderten Kommunalen Denkmalkonzepte (KDK) gehen mit einer historischen Ortsanalyse einher und sollen Denk-, Spiel- und Handlungsräume eröffnen. Innerhalb derer können alle privaten, öffentlichen und institutionellen Akteure – wie in Münchberg, Lichtenberg und Stammbach – ihre Interessen und Ideen zum Erhalt des baulichen Erbes entfalten. Dabei erweitern sie die Perspektive vom Einzelobjekt auf die städtebauliche Ebene – und ergänzen damit passgenau die oft bereits erarbeiteten Integrierten städtebaulichen Entwicklungskonzepte (ISEK).

Dank sagen, Mut machen

Es gilt, Bürger von Denkmälern zu begeistern. Dazu sollte man von den Erfahrungen der Denkmaleigentümer profitieren. Von deren Mut und ihrer Freude, von deren Unerschrockenheit und von dem Willen, sich den Unbillen, die ein Instandsetzen eines Denkmals mit sich bringen kann, auszusetzen und mit ihnen fertig zu werden. Diese Unbillen, die gibt es: Feuchtigkeitsschäden, Schädlingsbefall, Hausschwamm – echter oder unechter –, Abnutzung, statische Probleme. Manchmal fast alles gleichzeitig, und es muss auch nicht immer auf den ersten Blick zu erkennen sein. So ist dieses Buch auch eine Danksagung an die Eigentümer der vorgestellten Denkmäler. Dank für ihr Engagement, →

[1] Internetadresse der Task-Force: https://www.blfd.bayern.de/blfd/ansprechpersonen/bau-kunstdenkmaeler/buergerportal/index.html#navtop.

Dank für ihre Kraft, Dank für ihre Neugierde und ihr Durchhaltevermögen. Dank auch an die Fördergeber: das BLfD, die Oberfrankenstiftung, die Bayerische Landesstiftung, den Entschädigungsfonds des Bayerischen Ministeriums für Wissenschaft und Kunst, das Amt für Ländliche Entwicklung, die Deutsche Stiftung Denkmalschutz, die Bauabteilung der Regierung von Oberfranken – zuständig für die Städtebauförderung, mit der Bund und Land gemeinsam fördern, teils sogar ergänzt durch Fördermittel der Europäischen Union. Ohne ihr Fördergeld würde manches Denkmal nicht mehr stehen. Ohne all das Engagement von Denkmalpflege, Architekten, versierten Handwerkern und Förderinstitutionen hätte dieses Buch in der vorliegenden Form und diesen tollen Bildern nicht erscheinen können. So ist dieses Buch eine Danksagung an Eigentümer, die bereits ein Denkmal nutzen, und gleichzeitig ein Mutmachbuch für Eigentümer, die ein Denkmal in nicht allzu ferner Zukunft ihr Eigen nennen wollen. Es soll Einblicke in Denkmäler vermitteln, Geschichten von Denkmälern erzählen und die Freude an alten Gebäuden weitergeben. Der vielfache Reichtum, den sie bieten, wurde bereits erwähnt. Schließlich: Dieser Band ist auch ein Appell an Politiker und Planungsbehörden in Hochfranken, die Abrissbirne als Mittel von Stadt- und Gemeindeentwicklung möglichst bald einzumotten. Am besten umgehend. Beispiele, was man aus alten Häusern machen kann, werden hier in genügender Vielfalt präsentiert. Dieses Buch kann man auch als eine Art Reiseführer benutzen. Eine Karte gibt die genauen Orte der Bauten wieder. Eine Bitte: Bei Wohngebäuden ist die Privatsphäre der Bewohner zu respektieren. Unterteilt sind die präsentierten Einzeldenkmäler und unter Ensembleschutz stehenden Gebäude nach den derzeitigen Nutzungen – meistens. Denn – vom Begriff „wandlungsfähig“ war mehrmals die Rede – es ist nicht immer einfach, sie in diese Kategorien einzuordnen. Als würden sich diese Bauten dagegen sperren, eingeschränkt zu werden. Sie können einfach allen möglichen Zwecken dienen. Und das werden sie auch weiter tun. Manche Gebäude wechselten im Lauf der Entstehung dieses Buches ihre Nutzungen. So ist die erste Kategorie die der Wohngebäude:

Wohnen in Villen, aber auch in Mehrfamilien- und eher kleinen Stadthäusern. Dass diese Wohngebäude mit zusätzlichen Nutzungen versehen werden können, zeigt die Kategorie „Wohnen +". Ob Kultur, Gewerbe, Gastronomie oder mehrere davon – gute Wohngebäude lassen sich mit vielen anderen Zwecken kombinieren. Die dritte Kategorie sind Gebäude, die heute kulturell genutzt werden – früher aber zu etwas anderem gebraucht wurden. Als Museum kann vieles dienen: ein alter Lokschuppen, eine mittelalterliche Gasse, ein altes Hammer- oder ein Porzellanwerk. Zu dieser Kategorie gehören auch Gebäude, in denen alle Arten von kulturellen Veranstaltungen inklusive Unterricht und Lehre stattfinden. Die vierte Kategorie sind sakrale Gebäude – etwa die Markgrafen-Kirchen in Konradsreuth und Münchberg oder die außergewöhnliche Aussegnungshalle in Marktleuthen. Die fünfte Kategorie sind Bauten, die derzeit gewerblich genutzt werden: vom erwähnten Rosenthal-Werk am Rothbühl über wirklich originelle Bürogebäude bis zum gestalterisch anspruchsvollen Ladengeschäft mit Werkstatt. Die sechste Kategorie umfasst die für die Region Hochfranken typischen Gebäude – meist landwirtschaftlicher Provenienz: besagte Scheunenreihen, mit Stroh gedeckte Häuser, Trüpfhäuser, Frackdachhäuser, Blockhäuser. Gebäude, die es in dieser Form fast ausschließlich in Hochfranken und angrenzenden Gegenden gibt. Denkmalpflege, zu der auch der behutsame oder mutige An- und Ergänzungsbau gehört, schließlich ist es ein nie abgeschlossener Prozess. Dem ist die siebte Kategorie „Im Entstehen" gewidmet: Gebäude, die derzeit modernisiert, instand gesetzt oder umgebaut werden. Schließlich, obwohl keine eigene Kategorie: Grünbereiche. Ob bunte Bauerngärten, ob städtische Hinterhofbegrünung, ob scheinbar wilder Park mit pittoresk gepflanzten Baumgruppen, ob ein Zier- und Nutzgarten in Form eines urkundlich belegten Schlossgartens, in dem Einbauten aus Cortenstahl Zeitgenossenschaft signalisieren: Auch Liebhaber mal zarten, mal kräftigen Grüns können in diesem Buch gleichsam en passant nachahmenswerte Vorbilder finden. So ist dem Leser bei der Lektüre und dem Betrachten der wunderbaren Fotos reichlich Freude zu wünschen.

Ein Letztes: Der Verfasser dieser Zeilen bedankt sich bei den Initiatoren und dem Redaktionsteam: Peter Kuchenreuther, Marion Resch-Heckel, Kathrin Gentner, Ulrich Kahle und Wolfgang Schilling. Er bedankt sich beim Ausführungsteam Heike Rödel, Gerhard Hagen, Gerhard Schlötzer und Arnd Rüttger. Dank gilt dem ArchitekturTreff Hochfranken und den zahlreichen Förderern dieses Projekts. Schließlich bedankt sich der Autor bei seiner Frau Doris Santifaller für ihre stete Hilfe und reiche Unterstützung.

» Sanierte Denkmäler stehen dafür, dass sich ihre Bauherren, dass sich ihre Nutzer für die Region Hochfranken einsetzen. Dass sie vernachlässigte, gering geschätzte, übersehene Gebäude der Vergessenheit entreißen. Dass sie Gegend zum Ort machen. Möglicherweise zu magischen Orten. Das ist Heimatpflege im besten Sinne.

Wohnen

Humboldthaus

Bad Steben

A1 Als Alexander von Humboldt, noch keine 28 Jahre alt, im Frühjahr 1797 Franken verließ, hatte er ein wieder florierendes Berg- und Hüttenwesen im Fichtelgebirge und im Frankenwald hinterlassen. In den knapp fünf Jahren seines Aufenthalts zog er rastlos von einem Revier zum anderen, modernisierte die Bergwerke, stiftete mehrere soziale Projekte – eine Hilfskasse für Witwen verunglückter Bergleute etwa – und förderte andere Industriezweige wie beispielsweise Porzellanmanufakturen. Am längsten verweilte der Oberbergrat Humboldt in Steben, in dem er – zunächst auf eigene Kosten – eine Bergbauschule gründete. Das ehemalige Badehaus, in dem das Bergamt und dann diese Schule untergebracht war, wurde 1966 abgerissen. Ähnlich stattlich war das benachbarte, als markgräfliches Jagdhaus 1781 errichtete Gebäude, das der Staat Preußen für Humboldt ausgesucht hatte. Danach bald in Privatbesitz diente der Bau allen möglichen Zwecken, zuletzt als eine Art Appartementhaus. Als Ina Blohm das Gebäude 2015 erwarb – zuvor gab es Überlegungen der Markgemeinde und einer Bürgerinitiative, es zu einer Humboldt-Gedenkstätte umzuwidmen, was an leeren Kassen scheiterte –, war das Haus in einem „katastrophalen Zustand". Ihr Ziel war, das Gebäude wieder als Wohnhaus zu nutzen, moderne Technik, Heizung und Sanitäranlagen einzubauen, aber seine Erscheinung der ursprünglichen wieder anzunähern. Einen ungefähr 1890 errichteten, ungestalten Anbau ließ sie entfernen, den zur gleichen Zeit entstandenen Pferdestall durch eine Garage (in kontrastierenden Cortenstahl) ersetzen. Viele Details – der Originalboden im Erdgeschoss-Flur, ein Stück der schwarzen Kuchl, Jacobsmuschel-Ornamente an zwei Türstöcken – konnten erhalten werden. Weil allerdings keine Originalpläne des Hauses existieren – auch im Bamberger Staatsarchiv waren keine Unterlagen zu finden –, musste man „tasten und versuchen, wie es gewesen sein könnte". In mehreren Briefen schrieb Humboldt, wie wohl er sich in Steben gefühlt hatte. Auch im sanierten Humboldthaus kann man sich das gut vorstellen.

Auszeichnung: Denkmalpreis des Bezirks Oberfranken 2021
Sanierung: 2016–2020
Standort: Badstraße 2, 95138 Bad Steben
Bauherrin: Ina Blohm, Badstraße 2, 95138 Bad Steben
Planung: Peetz Bau, Inselring 10, 95183 Zedtwitz

Villa Pittroff
Helmbrechts

A2 Nach dem Erwerb des Hauses 2015 wollte sie eigentlich nur schnell einziehen. Dann jedoch, als sich das Ausmaß der Schäden offenbarte, war sie erschrocken. Schließlich packte sie, als sie entdeckte, was sich hinter Tapeten oder mehrfachen Farbanstrichen verbarg, der Ehrgeiz: Das Haus, an dessen Zaun sie sich schon als Mädel die Nase plattdrückte, sollte in seiner ganzen Pracht wiedererstehen. Iris Selch, gebürtige Helmbrechtserin, beruflich erfolgreich später in Frankfurt und München, kann ebenso wort- wie detailreich und spannend die Geschichte der 1904 errichteten Villa Pittroff, ihres Erbauers, des reichen und international tätigen Textilverlegers Adam Pittroff, seiner Familie und Erben und insgesamt der Textilbranche in ihrem Heimatort erzählen. Und sie berichtet stolz, vielleicht ein bisschen schwelgend – aber das gönnt man ihr auch – von der Sanierung des zuvor einsturzgefährdeten Gebäudes. Nach dem überstandenen Schock, auch nachdem eine deutliche Kostensteigerung zu verkraften war. Wobei „schwelgend" auch in einem anderen Sinne die zutreffende Formulierung ist: Die stolze äußere Erscheinung des mit weiß glasierten Klinkern verkleideten, mit Ziergiebeln, Erkern und Portalen gegliederten Gebäudes ist eigentlich nur vorsichtiges Vorspiel zu der opulenten, gewiss von manchen als überladen empfundenen Ausstattung im Innerem: Stuckdecken, eine mit Bierlasur gestrichene – so, als ob sie aus Holz gefertigt wäre – Neorenaissance-Decke, gemalte Stuckdecken, feinste Deckenmalereien mit Bambus-, sogar orientalischen Motiven, wertvolle Wandvertäfelungen, Schablonenmalereien an den Wänden, bunte Bleiglasfenster, geohrte Doppeltüren mit Supraporten, pompöse Schränke und Kachelöfen. Nahezu jeder Quadratzentimeter, so scheint es, war vor dem Gestaltungswillen Pittroffs und seiner Architekten nicht sicher – inklusive der aufwändig dekorierten Toiletten auf den Zwischenetagen des Treppenhauses. Selch ließ aufarbeiten und auffrischen, restaurieren und reparieren, retuschieren und renovieren, aber nichts reproduzieren. Das war ihr wichtig. Und sie ließ auch eine moderne Profiküche einbauen und eine komplett neue Haustechnik installieren. Eingezogen ist sie schon lange, sie hat die Villa zu der ihren gemacht – und gelegentlich bittet Iris Selch auch Interessierte zu einer Führung herein.

Auszeichnung: Bayerische Denkmalschutzmedaille 2021
Sanierung: 2017–2020
Standort: Münchberger Straße 43, 95233 Helmbrechts
Bauherrin: Iris Selch, Münchberger Straße 43, 95233 Helmbrechts
Planung: Andreas Krauß, Krauß Architekten, Am Wasserwerk 14b, 08115 Lichtentanne

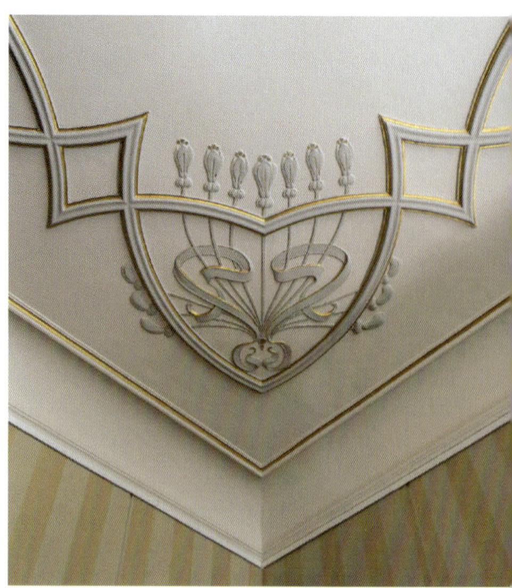

Wohnhaus
Kirchenlamitz

A3 Eine zwei Parzellen einnehmende Fassade, die etwas aus der Flucht heraustretenden Seitenrisalite übergiebelt, aufwändige Granitportale, dekorierte Flügeltüren: Das repräsentative Haus in der Hofer Straße 10–12 in Kirchenlamitz, keine 50 Meter vom Marktplatz entfernt, macht schon durch die äußere Erscheinung deutlich, dass sich der Erbauer für ein angesehenes Mitglied der Gesellschaft hielt. Und in der Tat: Es gehörte der Familie Frank, die nicht nur mehrere Bürgermeister von Kirchenlamitz in ihren Reihen hatte, sondern auch mehrere Granitbrüche am Epprechtstein besaß. Ursprünglich stammt das zweigeschossige, typisch biedermeierliche Gebäude aus der Zeit des Kirchenlamitzer Wiederaufbaus nach den beiden Stadtbränden 1830 und 1836. Wobei anzunehmen ist – Rußspuren lassen das vermuten –, dass man einen Teil des Gebäudes schon zuvor gebaut hat. 1888 wurde aus zwei Häusern eines, um 1900 dann glanzvoll umgebaut. Die prachtvoll-pompöse Innenausstattung beeindruckt, ist freilich – wie die Biografie des Gebäudes – etwas heterogen: Auch jüngere Zutaten wie beispielsweise bunte Glasbausteine wurden bewahrt. Ansonsten fallen vor allem die auserlesenen Jugendstil-Lambris, ein Glasfenster aus der Werkstatt des Hofglasmalers Franz Xaver Zettler und die Delfter Kacheln in den Sanitärräumen auf. Auf der Rückseite gibt es eine zweigeschossige Veranda und im Garten ein kleines, sehr charmantes Salettl. 2012 wurde die Straßenfassade saniert, später die Gartenfassade. Ein denkwürdiges Haus.

Sanierung: Von 2012 an in mehreren Bauabschnitten
Standort: Hofer Straße 10–12, 95158 Kirchenlamitz
Bauherrin: Christine Herrlinger, Hofer Straße 10–12, 95158 Kirchenlamitz
Planung: Planungsgruppe Nordbayern, Volkmar Braun, Hofer Straße 13b, 95632 Wunsiedel

Geyer-Villa

Marktredwitz

A4 „Schwarzwaldhausstil“ heißt es im Denkmalinventar. Was zwar zutrifft, aber auch nur die halbe Wahrheit ist. Denn eigentlich war es so, dass Hermann Geyer, vormals im Schwarzwald ansässig, 1904 Direktor der Culmitz Schamottefabrik in Marktredwitz wurde. Und sich alsbald eine prächtige Villa bauen ließ – von Handwerkern, die aus dem Schwarzwald kamen und so bauten, wie sie es gewohnt waren. Als Krystina und Reinhard Stegert 2010 das Gebäude kauften, war alle Pracht, war aller Glanz dahin. Decken und Mauern vom Hausschwamm befallen, das Dach halb eingestürzt, man konnte vom Keller durch den Dachstuhl in den Himmel sehen. Aber die Stegerts ließen sich davon nicht abschrecken, sie sahen die Qualitäten der Villa – Großbürgerlichkeit vom Feinsten inklusive Bibliothek, Klavier und Jagdtrophäen sowie einem 13 000-Quadratmeter-Park rund ums Haus. Das Ehepaar steckte über 12 000 Stunden Eigenleistung in das Anwesen. Die überstrichenen Malereien etwa wurden sorgsam restauriert – ebenso wie der zuvor verborgene Stuck oder die wertvollen Intarsienböden. Und weil die Stegerts darüber hinaus auch noch passionierte Sammler von allerlei historischen Ausstattungen sind, wurde das Haus zwar nicht originalgetreu, aber doch originell und charmant mit Gerät und Mobiliar zurückliegender Epochen bestückt. Manchmal aber auch ergänzte man durchaus zeitgenössisch: So wurde beispielsweise eine komplett neue Raumfolge im Dachgeschoss eingebaut oder einfach die Terrasse vergrößert. Ein Kuriosum ist dieses Stück Schwarzwald im Fichtelgebirge geblieben. Eines, dem aber jetzt wieder neues Leben eingehaucht wurde.

Auszeichnung: Denkmalschutzpreis der Oberfrankenstiftung 2014
Sanierung: 2010–2014
Standort: Thölauerstraße 20, 95615 Marktredwitz
Bauherren: Krystina und Reinhard Stegert, Thölauerstraße 20, 95615 Marktredwitz
Planung: Kuchenreuther Architekten/Stadtplaner, Markt 12–14, 95615 Marktredwitz

Herrenhaus
Marktredwitz-Wölsauerhammer

A5 Ganz unumwunden gesagt: Das Obere Herrenhaus im Marktredwitzer Ortsteil Wölsauerhammer ist ein großartiges Gebäude. Wobei das Haus eigentlich ein kleines, sehr elegantes Palais ist. Der Eigentümer des Hammers und Metallindustrielle, Benedikt von Glas, ließ es sich 1828 bauen. Die Pläne dafür zeichnete Johann Andreas Ritter, ein Architekt, der einerseits mit den Repräsentationsbedürfnissen seines Bauherren, andererseits auch recht virtuos mit klassizistischen Motiven wie Goldener Schnitt oder Serliana (venezianisches Fenster) umgehen konnte. Schaut man sich die vielen ausgezeichnet ausgeführten Details an – etwa die unterschiedlich aufgetragenen Putze an der Fassade, die kannelierten Türen oder die massiven Messingschlösser, -beschläge und -griffe –, dann ist die Vermutung berechtigt, dass auch die unbekannten Handwerker in ihrem Metier hervorragten. Nach der Wende 1990 allerdings geriet das Gebäude in die Fänge des Immobilienmarktes, stand dann einige Jahre leer. 2004 konnte der Architekt Gerhard Plaß das Gebäude ersteigern, sanierte es und baute es für seine Familie mit großer Sorgfalt, historischem Wissen, aber auch ingeniösem Mut um. Die originalen Farbfassungen wurden wiederhergestellt, Details an Fenstern, Türen und der granitsichtigen Mittelachse restauriert sowie entstellende spätere Einbauten entfernt. Mit dem Café im Erdgeschoss und im Garten kann auch die Öffentlichkeit an diesem großartigen Haus teilhaben.

Auszeichnung: Denkmalpreis der Hypo-Kulturstiftung 2008, Anerkennung
Sanierung: 2005–2006
Standort: Wölsauerhammer 50, 95615 Marktredwitz
Bauherren: Gerhard und Maren Plaß, Wölsauerhammer 50, 95615 Marktredwitz
Planung: Plaßarchitektur, Burgstraße 8, 95707 Thiersheim

Hammergut
Thierstein-Kaiserhammer

A6 2001 wurde erstmals der Denkmalpflegepreis der Oberfrankenstiftung in den Landkreis Wunsiedel vergeben. Preisträger waren Dr. Thomas Geißendörfer und Eva Glenk-Geißendörfer. Mit der Auszeichnung sollen, wie es in der Urkunde heißt, ihre „Verdienste für die Sanierung der ehemaligen Hammeranlage in Kaiserhammer gewürdigt werden". Das 1348 unter den Vorfahren der Familie Kayser errichtete Hammergut ist Ursprung und Namensgeber dieses Ortsteiles von Thierstein. Den Hammer ereilte ein wechselvolles Schicksal, das Hammergut (mit landwirtschaftlichem Großgrundbesitz, der den Hammerherrn und seine Arbeiter ernähren musste) wurde geteilt, das ehemalige Hammerwerk diente unter anderem als Glasperlenfabrik und Steinschleiferei. Thomas Geißendörfer verbrachte seine Kindheit im Gutshof und zog 1980 neuerlich mit seiner Familie ein. Man ließ die Öfen reparieren, ein Bad einbauen – und wartete mehrere Jahre, „um zu wissen, was man braucht". Einen zweigeschossigen Holz-Glas-Erker beispielsweise, der vor der Südfassade errichtet wurde, ein neues, lichtdurchflutetes Bad im zuvor nicht ausgebauten Dachstuhl und eine vergrößerte Küche. 1990 konnten die Geißendörfers auch den sich im ursprünglichen, aber renovierungsbedürftigen Zustand befindlichen Mühlgraben 2 zurückerwerben, um ihn zu sanieren, in ein Mietshaus umzubauen und mit dem Gutshof wieder zu einer gestalterischen Einheit zu formen. Besondere Aufmerksamkeit wurde auf den Außenbereich gelegt und der Barockgarten nach historischen Fotos rekonstruiert. Die große Zahl der regelmäßig angeordneten Fenster brachte dem Anwesen im Volksmund den Namen „Laterne" ein. In der Dämmerung hell erleuchtet, haben die ausgezeichneten Gebäude bis heute diese Wirkung nicht eingebüßt.

Auszeichnung: Denkmalschutzpreis der Oberfrankenstiftung 2001
Sanierung: Von 1980 an in einem kontinuierlichen Prozess
Standort: Mühlgraben 2–6, Ortsteil Kaiserhammer, 95199 Thierstein
Bauherr: Dr. Thomas Geißendörfer, Mühlgraben 6, Ortsteil Kaiserhammer, 95199 Thierstein
Planung: Lang + Partner Planungsgesellschaft, Oswald-Merz-Straße 3, 95444 Bayreuth
Plaßarchitektur, Burgstraße 8, 95707 Thiersheim

Mehrfamilienhaus Weißenstadt

Weißenstadt

A7 Den Umbau des Gebäudes von einem Zwei- in ein Drei-Parteien-Haus und in dem Zuge eine Generalsanierung mit Modernisierung auf den heutigen Stand zu planen: So in etwa lautete der Auftrag für das Architekturbüro von Dieter Schaller. Guido Piras, für den Schaller schon einige Neu- und Umbauten projektiert hatte, nahm sein Elternhaus in der Weißenstädter Gartenstraße in Angriff. Das Gebäude war ursprünglich ein aus Wohnhaus sowie Stall und darüber liegender Scheune bestehendes bäuerliches Anwesen und steht heute unter Ensembleschutz. Weil die Decken zu ersetzen waren, gab Schaller dem Gebäude eine komplett neue Raumstruktur: Er ließ Wände zurück- und neu bauen und schuf so eine 55-, eine 65- und eine 75-Quadratmeter-Wohnung, wobei er das auf einem Treppenpodest gelegene Etagenbad entfernte und in jede Wohneinheiten eine moderne Nasszelle einbaute. Ebenso erhielt jede Wohnung einen großzügigen Balkon. Was einst der Stall war, ist heute eine gemeinsame Waschküche mit separaten Anschlüssen und Zählern sowie ein Müll- und ein Fahrradraum. Sogar eine gemeinsame Terrasse, die auf den neu geschaffenen Garagen liegt, gibt es. Nach außen aber zeigt sich das Gebäude in seiner ursprünglichen Funktionsaufteilung: Einmal in schlammfarben, einmal in rot gestrichen, mit feinen, farblich abgesetzten Fenster- und Torgewänden scheint das Mehrfamilienhaus weiterhin aus zwei schmucken, die Parzellenbreiten der Umgebung aufnehmenden Bauten zu bestehen. Damit fügt es sich wunderbar in die Bebauung des einstigen Weißenstädter Stadtrands ein.

Sanierung: 2012–2013
Standort: Gartenstraße 67, 95163 Weißenstadt
Bauherr: Guido Piras, Schönlinder Weg 34, 95163 Weißenstadt
Planung: Schaller + Partner, Abt-Mösinger-Straße 11, 96215 Lichtenfels-Klosterlangheim

Haus Rank
Lichtenberg

A8 Einen Moment lang überlegte Norbert Rank nach dem Ende der Modernisierungsarbeiten an seinem Elternhaus, selbst in dieses zu ziehen. Vorher war es, so der stolze Bauherr, „feucht, nass und dunkel". Jetzt ist es hell, freundlich warm, in sich stimmig. Aber Rank hatte das Haus seinem Sohn versprochen, und so blieb es dann auch. Das Gebäude liegt direkt an der früheren Stadtmauer Lichtenbergs, war einst Wohnstallhaus mit spätmittelalterlichen Ursprüngen, das viele Male umgebaut worden war. Der Lichtenberger Architekt Bernd Hüttner sollte es an heutige Wohnbedürfnisse anpassen. Weil frühere Sanierungen von der originalen Bausubstanz wenig übrig ließen, hatte Hüttner meist freie Hand, wobei er regionale Baustoffe bevorzugte. War etwa früher der Giebel mit Kunstschiefer verkleidet, so ist es heute wieder Naturschiefer. Hüttner beschränkte sich auf wenige Materialien und setzte diese möglichst großflächig ein. Der Kniff aber liegt im Grundriss und in der Detailsorgfalt: In einer breiteren Wohnspange entlang der Torstraße sind alle Wohnräume angeordnet. An der Brandmauer zum Nachbarhaus dagegen verläuft eine einachsige Erschließungsspange, an deren beiden Enden Hüttner Sanitärräume und ein kleines Büro setzte. Diese sind mit satinierten Glaselementen abgetrennt, sodass viel Licht auf die Flure und die einläufigen, ohne Setzstufen ausgeführten Treppen fällt. Das Haus ist nicht groß und besticht doch durch Großzügigkeit – nach dem Umbau. Das Haus bietet zeitgenössischen Komfort und den gelassenen Charme des Historischen: Keine Wand, keine Decke ist gerade, jede Laibung ist unterschiedlich. Der eingangs erwähnte Moment lässt sich gut nachvollziehen.

Sanierung: 2015
Standort: Marktplatz 1, 95192 Lichtenberg
Bauherren: Norbert und Marion Rank, Richard-Ringel-Straße 4, 95192 Lichtenberg
Planung: Hüttner Architekten, Brauhausstraße 12, 95192 Lichtenberg

Stadthaus
Lichtenberg

A9 „Es war ein tolle Zeit“, sagt die Bauherrin. Sicher seien es auch „anstrengende Jahre“ gewesen. Sie habe in das Projekt viel Herzblut gesteckt, ergänzt Cornelia Mauer und gerät ins Schwärmen. Sie zeigt auf eine freigelegte profilierte Balkendecke, auf sanierte Fachwerkwände – die etwa im Bad, beim Waschbecken, damit sie nicht feucht werden, mit einer Glasscheibe geschützt sind. Dann fliegt sie gleichsam die neue Holztreppe hinauf. Oder eine andere tolle Idee: Wandbefunde mit Bilderrahmen einzufassen – sodass sie wie abstrakte Gemälde wirken. Das Spannende an Mauers „Projekt“: ein früher als Wohnhaus genutztes, zweigeschossiges Stadthaus, das um 1600 erstmals erwähnt und immer verändert wurde, zu einer dreigeschossigen Arztpraxis umzubauen. Das zuvor nicht genutzte Dachgeschoss wurde teilweise ausgebaut. Das Gebäude war freilich in einem ziemlich katastrophalen Zustand. Im südlichen Teil etwa waren die Decken durchgefault. Der Umbau bedeutete einige empfindliche Eingriffe in den Bestand, was mit den Denkmalbehörden abzustimmen war. Ein Problem war beispielsweise der Eingang: Der lag früher an der (Durchfahrts-) Straße, der Bürgersteig davor war extrem schmal. Man verlegte den Eingang an die südliche Traufseite und konnte eine Art Vorplatz schaffen, damit auch gehbehinderte Patienten und Rollstuhlfahrer die Praxis besuchen konnten. Im Anschluss daran wurden besagte Treppe und sogar ein Aufzug eingebaut – mit einer Sondergenehmigung, wobei sich der Aufzugkopf im Dachstuhl befindet, sodass er von außen nicht sichtbar ist. Ein aus drei Quadraten in unterschiedlichen Blautönen bestehendes Orientierungssystem erwartet an Aufzug und Treppe den Besucher, das diesen fast unmerklich durch das Gebäude führt. Seit 2019 fungiert es wieder als Wohnhaus für den Sohn der Mauers und dessen Familie. Er sagt, sie verbringen hier „eine schöne Zeit“.

Auszeichnung: Bayerische Denkmalschutzmedaille 2004
Sanierung: 1999–2003
Standort: Nailaer Straße 2, 95192 Lichtenberg
Bauherren: Helmuth und Cornelia Mauer, Nailaer Straße 2, 95192 Lichtenberg
Planung: Architekturbüro Dietrich Scheler, Theodor-Heuss-Str. 37, 95213 Münchberg

Wohnhaus von Waldenfels

Marktredwitz

A10 Das Weinlokal in der Mühlstraße 2, daran können sich „Rawetzer“ mittleren Alters gut erinnern, war ein Hotspot. Vor allem die gemütliche Weinstube mit ihren Gewölben war cool. Da musste man hin – unbedingt. Dann stand das zweigeschossige Haus ziemlich lange leer. Bis Katherina von Waldenfels das Barockgebäude 2018 erwerben konnte und es denkmalgerecht sanieren ließ. 1777, so die Inschrift in der geohrten, granitenen Türumrahmung, hatte man das früher außerhalb der Stadtmauer gelegene Gebäude als Wohnhaus errichtet. Später wurde es an einen Gerberei-Fabrikanten verkauft, dessen Nachfahren das Haus Ende des 19. Jahrhunderts modernisierten und dem damaligen Geschmack anpassten: Sie stellten die Heizung von barockzeitlichen Hinterladern auf Kachelöfen und sogar auf eine Art Zentralheizung um. Auch die im Stadtbild auffällige, dreigeschossige Balkonloggia mit den Jugendstilfenstern wurde angebaut, ungefähr zu der Zeit, als man auch einen Terrazzoboden im Erdgeschoss installierte und die Holzvertäfelung des späteren Weinlokals anbrachte. Nach der Entfernung späterer Anbauten und der Installation von Holzfenstern und Fensterläden in Anlehnung an historische Vorbilder präsentiert sich das Haus in seiner Erscheinung heute an seine Entstehungszeit im 18. Jahrhundert angelehnt. Loggia und Haustüre aus dem 19. Jahrhundert wurden saniert, im Inneren Komfort und Haustechnik mit Fußbodenheizung und neuen Bädern an heutige Standards angepasst. Und in die ehemalige Weinstube kam das Esszimmer.

Sanierung: 2019–2021
Standort: Mühlstraße 2, 95615 Marktredwitz
Bauherrin: Katharina von Waldenfels, Mühlstraße 2, 95615 Marktredwitz
Planung: HILGARTH | Architekten-Stadtplaner-Ingenieure, Egerstraße 44, 95615 Marktredwitz

Wohnen +

FIZ

Wohn- und Geschäftshaus
Marktredwitz

B1 Trotz wirtschaftlichem Boom gibt es auch in der traditionellen Haupteinkaufsstraße von Marktredwitz Leerstände von Ladenlokalen. Deswegen ist die Sanierung zweier lange leer stehender Stadthäuser höchst lobenswert. Abgestuft in zwei Bauabschnitte, wurde ein Nutzungsmix aus Wohnen, Dienstleistung und erdgeschossigem Laden geschaffen, der zur Vitalisierung der Marktstraße beiträgt. Beide im Jahre 1903 fertiggestellten Gebäude stammen aus der Hand des rührigen Baumeisters Friedrich Mühlhöfer, der in Marktredwitz Villen, Stadthäuser und an der Bergstraße eine Art erste Reihenhaussiedlung errichtet hatte. Die reich gegliederten Fassaden mit ihren kräftigen Farben wurden sorgsam saniert, historische Details – Wandmalereien oder Beschläge etwa – gewissenhaft herausgearbeitet, Naturstein- und Ziegelflächen mutig mit modernen Materialien kombiniert. Der Bauherr schuf in enger Abstimmung mit der Denkmalpflege einige Durchbrüche zwischen beiden Häusern, die für die Nutzung als großes Architekturbüro notwendig waren. Hofseitig entstanden aus vorher nicht benutzten Dachabstellkammern großzügige Dachterrassen. Da beide Treppenhäuser erhalten wurden und die Eingriffe reversibel sind, ist es auch künftig möglich, die Häuser, falls gewünscht, unabhängig voneinander zu nutzen.

Auszeichnungen:
Das Goldene Haus 2006
Auszeichnung Guter Bauten, Franken 2018, lobende Erwähnung
German Design Award 2020
Sanierung: 2004–2005 bzw. 2015–2017
Standort: Markt 12–14, 95615 Marktredwitz
Bauherrin: Birgit Kuchenreuther, Markt 12–14, 95615 Marktredwitz
Planung: Kuchenreuther Architekten/ Stadtplaner, Markt 12–14, 95615 Marktredwitz

optik

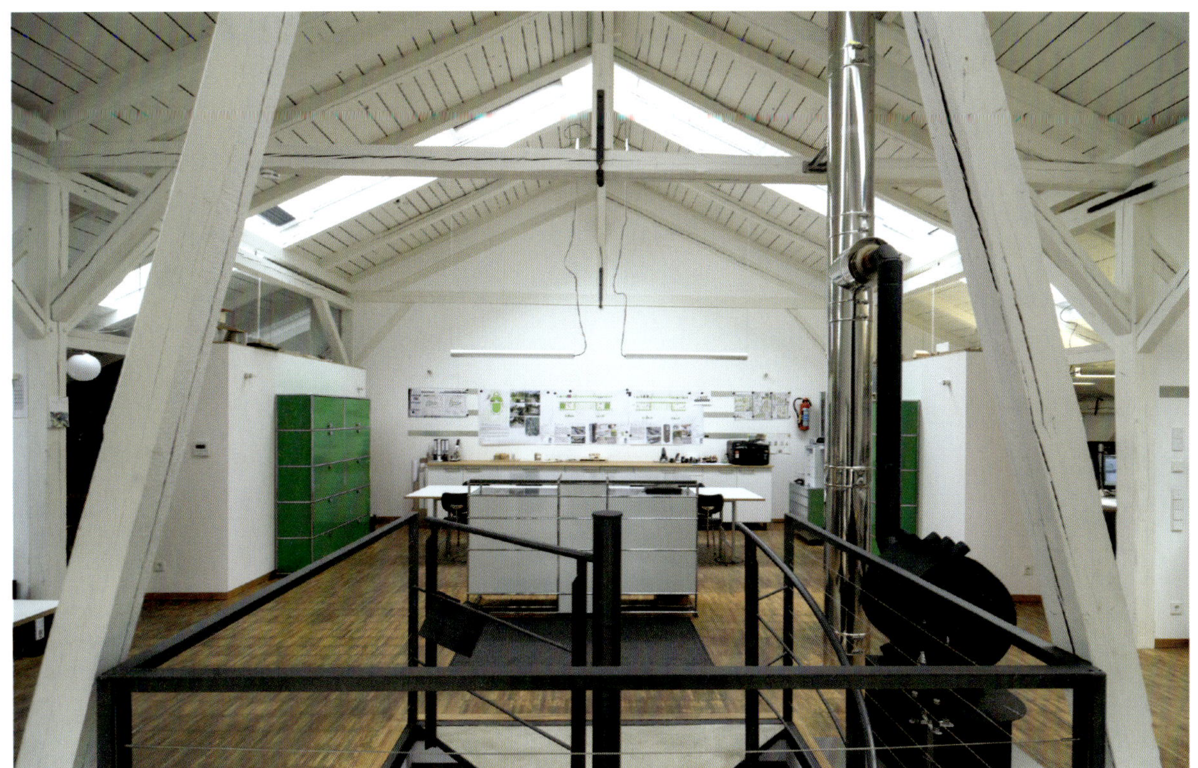

„Die Halle“
Hof

B2 Oft identifiziert man ein Architekturbüro mit einem prominenten Gebäude, das typisch für seine Entwurfshaltung steht. Bei der Hofer „HALLE“ ist das anders. Das Büro „DIE HALLE architekten“ nennt sich nach der Halle, in der die Architekten arbeiten. Wobei ursprünglich, das heißt 1885, der lang gestreckte, zweigeschossige Satteldachbau als Lagergebäude der Vogtländischen Baumwollspinnerei diente. Gebrauchsarchitektur also, aber keinesfalls ohne ästhetische Reize wie etwa die farblich abgesetzten Lisenen, die eine aus Ziegel bestehende Massivfassade gliedern, die Gusseisenstützen im Raster von fünf Metern, die den inneren Holzbau tragen, oder die filigranen Metallfenster mit Drahtglas und Granitgewänden. Als Cäcilia und Matthias Scheffler 1998 das Gebäude erwarben, bauten sie zunächst einen Teil des Obergeschosses zu einer Wohnung um. Die gesamte Dachkonstruktion aus Lärchenholz wurde weiß gestrichen und sichtbar gelassen. Auf die Dämmung aus 20 cm Mineralfaser kam ein hinterlüftetes Blechdach – eine Deckung, die die Halle schon bauzeitlich trug – und insgesamt sieben Glasoberlichter. Damit alle Eingriffe reversibel sind, wurden die Zimmer in Holzständerbauweise eingefügt. Während das Erdgeschoss als Holzwerkstatt und Ausstellungsraum fungiert, beherbergt das Obergeschoss nach einem zweiten Bauabschnitt eine kleinere Wohnung mit davorgestelltem, großzügigem Balkon und eine Gewerbeeinheit: In dieser betreiben Matthias Scheffler, Kathrin Buchta-Kost und Ralph Böttig ihr Architekturbüro.

Sanierung: 1998–2000 bzw. 2008–2009
Standort: Schützenstraße 14, 95028 Hof
Bauherren: Cäcilia und Matthias Scheffler, Schützenstraße 14, 95028 Hof
Planung: DIE HALLE architekten, Schützenstraße 14, 95028 Hof

Wohnhaus mit Bäckerei

Sparneck

B3 Das Feez'sche Amtshaus in Sparneck, das es sogar in die Online-Enzyklopädie Wikipedia geschafft hat, wurde 1763 auf einem älteren Vorgänger errichtet. Doch da die markgräfliche Verwaltung das Amt schon eineinhalb Dekaden später aufgelöst und nach Hof verlagert hatte, ging das zweigeschossige, mit einem imposanten Walmdach bekrönte Haus in Privatbesitz über – und musste früh schon seine Transformationsfähigkeit beweisen. Es diente als Wohnhaus, dann als Handelshaus für einen Garnhändler, wurde Kontor, bis es im Jahre 1914 der Großvater von Fritz Günther erwarb. Der baute im Erdgeschoss eine Bäckerei ein, die nach und nach vergrößert wurde. 1948 hatte man den bereits existierenden Anbau für die Backstube vergrößert, wofür die Wände mit alten, nicht mehr gebrauchten Eisenbahnschienen unterfangen wurden – die notwendigen statischen Berechnungen besorgte ein Ingenieur, der im Dachgeschoss wohnte und in einer ortsansässigen Textilfabrik arbeitete. Auch später erlebten Haus und Ladengeschäft noch einige Wandlungen – und Sanierungen. Die Konstante blieb aber der prächtige Stuck des markgräflichen Hofstuckateurs Rudolf Albini, der schon beim Eingangsportal das Feez'sche Wappen und darüber noch eine Muschel (wie im Neuen Schloss Bayreuth) modellierte. Auch das grandiose Treppenhaus sowie das Obergeschoss – ein wahres Piano nobile – verzierte Albini mit ebenso aufwändigem wie prachtvollem Rocaillestuck. Auch in naher Zukunft wird das ehemalige Amtshaus wieder seine Transformationsfähigkeit beweisen müssen: Günther plant, in wenigen Jahren die Bäckerei aufzugeben und das gesamte Erdgeschoss wieder als Wohnung zu nutzen.

Auszeichnung: Denkmalpflegepreis der Oberfrankenstiftung 2019
Sanierung: 2012–2018
Standort: Münchberger Straße 8, 95234 Sparneck
Bauherr: Fritz Günther, Münchberger Straße 8, 95234 Sparneck

Mehrfamilienhaus mit Bäckereimuseum
Hof

B4 „Gut leben, mitten in der Stadt": Dies schreiben „DIE HALLE architekten" zu ihrem Umbau in der Hofer Sophienstraße 34. Friedrich Buchta – Urgroßvater von HALLE-Partnerin Kathrin Buchta-Kost – hat das von einem Bauträger errichtete Gebäude 1899 gekauft, später wuchs es sowohl in der Breite als auch in der Höhe. Seit der letzten Sanierung, die in mehreren Schritten erfolgte, bietet es Platz für vier Familien und im Erdgeschoss für ein kleines, liebevoll ausstaffiertes Bäckereimuseum, das von den Eltern der Architektin privat betrieben wird. Ausstellungsraum ist auch das ehemalige Ladengeschäft und eine noch vollständig, mit allen Maschinen ausgestattete Bäckerei im Keller. Die, so wirkt es zumindest, gleich morgen früh wieder Brötchen backen könnte. Der Umbau hatte die Aufwertung der Außenbereiche zum Ziel: Der Innenhof wurde entsiegelt und opulent bepflanzt, eine Stahlkonstruktion aufgestellt, die jeder Wohnung einen geräumigen Balkon bietet, und zuletzt einem Anbau, der als Mehllager diente, eine Dachterrasse aufgesetzt. Die Sanierung im Inneren ging sehr sensibel vor: Sie zeigt Spuren früherer Nutzungen und spätere Hinzufügungen wie eine Glasbausteinwand der 70er Jahre. Sie schuf mit kleineren Durchbrüchen neue Großzügigkeit sowie mit kräftiger Dämmung der obersten Geschossdecke und einem neuen Dachstuhl eine bessere Energiebilanz. Die Sophienstraße liegt im größten Gründerzeitviertel Oberfrankens. Dieses ist wie viele ähnliche Viertel in Deutschland zum Szene- und Lifestylequartier geworden. Die Nummer 34 als Teil eines Ensembles mit prächtig geschmückten Fassaden fügt sich da ausgezeichnet ein.

Auszeichnungen: Fassadenpreis der Stadt Hof 2016
Sanierung und Umbau: 2001, 2006, 2008, 2016
Standort: Sophienstraße 34, 95028 Hof
Bauherren: Rudolf und Ingeburg Buchta, Kathrin Buchta-Kost
Planung: DIE HALLE architekten, Schützenstraße 14, 95028 Hof

Tanzsaal
Thierstein-Kaiserhammer

B5 Im Jahre 2021 konnte der „Kulturhammer“ – ein Verein, der seine Aufgabe darin sieht, Kultur aufs Land zu bringen – ein Jubiläum feiern: Vor 25 Jahren wurde er gegründet, im Jahr darauf, 1997, erhielt er den Status der Gemeinnützigkeit und stellte sein erstes Veranstaltungsprogramm auf die Beine: zwei Theaterstücke, ein Puppentheater, eine Zaubershow, ein Klezmer-Konzert, sogar eine Opernaufführung und den ersten Tanz in den Mai, der bis heute jährlich wiederholt wird. Ort dieser Events: der Tanzsaal in Kaiserhammer, den Helmut und Juliane Tietz 1996 erwarben und in mehreren Schritten sanierten und umbauten. 1926 hatten die Wirtsleute eines gegenüberliegenden Gasthofes ein zweigeschossiges Satteldachgebäude an einen Südhang bauen lassen. Das Erdgeschoss, in dem früher gekegelt wurde, wird nun gewerblich genutzt: Es beherbergt den „Bienenschwarm“, in dem – über der alten Kegelbahn – Kerzen hergestellt und Ausrüstungen für Imkereibetriebe verkauft werden. Im Obergeschoss – mit einem übergiebelten runden Fenster, einem sogenannten Oculus, in der Fassade betont – befindet sich der große, etwa 120 Zuschauer fassende Saal. Dort finden Veranstaltungen des Kulturhammers, aber auch private Feiern und Seminare statt. Ein neu geschaffener großer, vielfenstriger Erker kündet von der neuen Nutzung im früher nur als Lager dienenden Dachgeschoss: Dieses wurde zur Wohnung der Bauherren Tietz umgebaut. So kann der Bau in Kaiserhammer – anders als viele andere Tanzsäle in der Region, die nach und nach zu Wohnhäusern umgewidmet wurden – einen Teil seiner ursprünglichen Funktion behalten.

Sanierung: 1994–1996, 2003–2005, 2020
Standort: Schlossstraße 7, 95199 Thierstein, Ortsteil Kaiserhammer
Bauherren: Helmut und Juliane Tietz, Schlossstraße 7, 95199 Thierstein, Ortsteil Kaiserhammer
Planung: Plaßarchitektur, Burgstraße 8, 95707 Thiersheim

Schloss Schauenstein

Schauenstein

B6 Vor über 700 Jahren errichtet, dann abgebrannt und wiederaufgebaut, zerstört und wiederaufgebaut, wechselte es vielmals den Besitzer, war Amtssitz, Ritterburg und im 19. Jahrhundert Schuhfabrik: Schloss Schauenstein, das auf einem steil ins Tal der Selbitz abfallenden Bergrücken thront, hat eine bewegte Geschichte hinter sich. Auch heute dient das Gemäuer, das der umliegenden Stadt ihren Namen gab, einem halben Dutzend Zwecken: Vier Wohnungen befinden sich darin, das Oberfränkische Feuerwehrmuseum, das städtische Heimatmuseum und ein Schlosscafé. Das Standesamt im prächtigen Turmzimmer wartet auf Sich-Trauende, die ihre Hochzeit mit Gästen im anschließenden, 100 Personen fassenden „Bürgersaal" feiern können. Wegen gravierender statischer Probleme musste der Bau von 2012 an komplett instand gesetzt werden. So wurde beispielsweise ein Schlossflügel mit einem großen, auch gut sichtbaren Ringanker vom Hauptbau aus stabilisiert. Der teilweise durchgefaulte Dachstuhl wurde fachgerecht instand gesetzt, ein Zugang zum Bürgersaal geschaffen und in jedem Raum eine Wandtemperierung installiert. Das Spannendste stellen die baulichen Eingriffe dar, mit denen man dem Brandschutz Genüge tat und damit – mit knapp 30 Jahren Verspätung – eine Baugenehmigung einholen konnte. Kluge, detailgenaue Interventionen, die anders als sonst – etwa bei den gläsernen Museumszugängen oder den filigranen Erhöhungen des Treppengeländers – auch noch ästhetisch ansprechend sind. Wobei ohne erhebliche Fördermittel wäre die Sanierung nicht möglich gewesen. Gut gerüstet sieht das Schloss seit 2015 weiteren Geschichten entgegen.

Sanierung: 2012–2015
Standort: Schlossplatz 1, 95197 Schauenstein
Bauherrin: Stadt Schauenstein, Rathausplatz 1, 95197 Schauenstein
Planung: Unglaub-Sachs-Seuß, Gesellschaft beratender Ingenieure für Bauwesen, Fritz Sell, Zum Kugelfang 17–21, 95119 Naila

Kultur

Porzellanikon
Selb

C1 Das Porzellanikon ist ein Glücksfall. Ein Glücksfall für die Museumslandschaft weit über Bayern hinaus – und ein Glücksfall für die Region. Nicht nur, dass es das führende Museum in Sachen Porzellan in Europa ist. Nicht nur, dass es mit einer beeindruckenden, fast überwältigenden Zahl an Ausstellungen und Schriften das Wissen um das Weiße Gold vertieft. Nicht nur, dass seine Porzellansammlung rund 200 000 Exponate umfasst. Das Besondere des auf zwei Standorte verteilten Porzellanikons ist, dass mit der kulturellen Nutzung auch zwei historische Gebäude erhalten werden konnten, die die Aura des Authentischen atmen: eine Direktorenvilla der von Carolus Magnus Hutschenreuther 1822 gegründeten Porzellanfabrik in Hohenberg und das von 1867 an errichtete, im Laufe der Jahrzehnte immer wieder erweiterte Porzellanwerk von Jakob Zeidler in Selb-Plößberg, das der Geheimrat Philipp Rosenthal zum 1. Januar 1917 persönlich erworben hatte.
Beide Gebäudekomplexe sind somit nicht möglichst neutrale Hintergründe von Ausstellungen – die Blackbox, die Museumsmacher sonst so lieben –, sondern begleiten die Präsentationen als ergänzend erzählende Exponate. Umso bedeutsamer wird dieser Umstand vor dem Hintergrund, dass seit 1990 und dem Niedergang der nordostbayerischen Porzellanindustrie allein in Selb mehr als die Hälfte der ehemaligen Produktionshallen aus dem Stadtbild getilgt wurden. Von den in anderen Kommunen der Kreise Wunsiedel, Hof und Tirschenreuth verschwundenen Porzellanfabriken ganz zu schweigen.
Auch das Porzellanwerk Zeidler hatte, nachdem Rosenthal die Geschirrproduktion nach Rothbühl und die Keramikproduktion nach Kronach verlegte, seit 1969 einen Niedergang zu verkraften. Die sich abwechselnden Eigentümer des Gebäudekonvolutes benutzten dieses, investierten aber nichts in den Unterhalt. Das 1889 erbaute Brennhaus, zuletzt im Besitz eines Möbelhändlers, fiel 1982 selbst den Flammen zum Opfer. Es verfiel wie andere Bauten des Werks, das zum Teil an einen Kartonagenhersteller veräußert wurde. Den anderen Teil erwarb 1988 der Zweckverband Museum der Deutschen Porzellanindustrie. Es ist der konzeptionellen Kraft, dem Willen und der Ausdauer des zwischen 1984 und 2019 amtierenden Direktors Wilhelm Siemen zu verdanken, dass das Porzellanikon mehr wurde als

eine zauberhaft inszenierte Welt des schönen Scheins, mehr als ein Schaufenster einschlägiger Unternehmen mit wissenschaftlichem Beiwerk.
Siemen machte aus dieser Institution ein thematisch breit angelegtes Museum, das sowohl der Ästhetik und Formgebung der verschiedenen Porzellanprodukte als auch der Geschichte der Porzellanproduktion und dem Leben seiner Produzenten verpflichtet ist. Das Porzellanikon widmet sich auch der Region, lebt durch Besucher und viele Sachspenden aus der Region – und weist gleichzeitig weit über sie hinaus. In den Ausstellungen ist Porzellan aus allen deutschen Porzellanregionen zu sehen, bevorzugt aus Nordostbayern. Ebenso wie Erzeugnisse der europäischen Manufakturen, von Sevres über Berlin, Meissen bis Herend. Schon vor der Wende wurden Kontakte zu wichtigen Institutionen in der ehemaligen DDR aufgebaut. Auch international machte sich das Museum einen Namen. Ein Beispiel: Zu der im April 2010 eröffneten Schau „Königstraum und Massenware" kamen die 100 leihgebenden Institutionen aus 20 Ländern – u.a. waren das New Yorker Metropolitan Museum of Art, das Victoria and Albert Museum aus London und die Nationalmuseen von Finnland, Polen und Schweden darunter.
An solch internationalen Glanz war 1988, als der Zweckverband für umgerechnet 150 000 Euro die ruinöse Zeidlerfabrik erwarb, nicht im Entferntesten zu denken. Andererseits: Trotz aller Schäden war das verwinkelte Werk ein geschlossenes Ensemble – sogar mit Rundöfen, die sonst in Deutschland kaum noch vorhanden waren. Die Kernfrage lautete: Wie erhält man ein Industriedenkmal und nutzt es als Museum? Heute, nachdem die Denkmalpflege über doch umfangreiche Erfahrungen verfügt, ist diese Frage einfacher zu beantworten als vor mehr als 30 Jahren. Zumal das Porzellanikon Bayerns erstes Industriemuseum ist. Freilich, das Museum profitierte vom Niedergang der Porzellanindustrie, indem es seine Sammlung an technischen Geräten und Maschinen – inklusive Ersatzteilen – bei der Auflassung vieler Porzellanfabriken günstig erweitern konnte. Dass es nicht die Originalausrüstungen sind, die schon zu Zeidlers oder Rosenthals Zeiten dort ihren Dienst verrichteten, ist nicht so wichtig: Technische Gerätschaften sind Serienprodukte, sie werden in nennenswerten Stückzahlen produziert und sind daher austauschbar.
Siemen wollte so viel wie möglich an historischer Substanz der einzelnen Gebäude erhalten, die industrielle Atmosphäre bewahren und Ergänzungen ablesbar machen. Vor allem die Oberflächen sollten in ihrem ursprünglichen Zustand konserviert werden. So wurden beispielweise die Maschinen behutsam gesäubert, aber nicht neu lackiert. Wegen

der großen Feuchtigkeit – die Gebäude sind vielfach nicht unterkellert – werden die Wände mit Heizschlangen unter Putz temperiert. Als Wandoberfläche kommen aber keine aufwändigen Werkstoffe zum Einsatz, sondern – wie schon vorher auch – weiß gestrichener Kalkputz. Bei anderen Wänden wurde die Farbe vorsichtig abgewaschen, um historische Wanddekorationen wieder zum Vorschein zu bringen. Wegen des Brandschutzes waren besondere Türen gefordert. Also wurden die originalen, meist Metalltüren mit neuen Feuerschutztüren zu Doppeltüren verbunden, sodass sie die gewünschte Feuerwiderstandsklasse erfüllen, andererseits der einstigen Gestalt nahekommen. Dieses Beispiel zeigt, mit welcher Sorgfalt im Detail gearbeitet wurde – →

gearbeitet werden musste, um die Balance zwischen industrieller Anmutung und heutiger Museumsnutzung, die hohe Ansprüche an Sicherheit und Bandschutz stellt, zu wahren. Wegen des Brandschutzes wurde der alte Löschwasserbehälter restauriert und der Feuerlöschteich revitalisiert. Manchmal kam man zu innovativen Lösungen: Als Umhüllung für Elektroleitungen, die auf Putz geführt wurden, fand man in Zusammenarbeit mit der Bundesumweltstiftung Röhren aus temperaturbeständigem Kunststoffrezyklat. Die Original-Bleiröhren wurden nur in einem den Besuchern nicht zugänglichen Raum belassen.

„Chef, der Rohbau ist fertig, und wat for'n Stil soll nu an de Fassade?“ Der Architekturhistoriker Julius Posener erinnerte gerne an diese Episode aus dem Berlin der Gründerzeit und wollte damit die Beliebigkeit des Historismus zeigen. Aber auch Siemen stand vor der Frage, an welche Epoche der Porzellanproduktion er mit dem Porzellanikon erinnern wollte: Wie die Zeidler-Werker angefangen haben? Nach der Übernahme durch Rosenthal? NS-Zeit oder Nachkriegsära? Man hat sich für die 1920er Jahre entschieden, sprich: die Blütezeit der Porzellanindustrie. Und zwar so, als wären die Mitarbeiter an einem späten Freitagnachmittag ins Wochenende gegangen. Mit abwechselnden Architekturbüros wurden in bislang sechs Bauabschnitten die Gebäude umgebaut und von 1996 an sukzessive eröffnet. Zuerst die Massemühle und die Studiensammlung zur Porzellanherstellung, dann, 1998, das Maschinenhaus mit Dampfmaschine, 2001 das Kontor. 2002 kam der nächste große Meilenstein: Das wiederaufgebaute Brennhaus mit der wichtigen Einheit zur Porzellanherstellung auf sechs Etagen auf insgesamt 1600 Quadratmetern Ausstellungsfläche. 2004 stand die Fertigstellung der westlich gelegenen Gebäudeteile an mit einem Ausstellungsabschnitt zur Geschichte der Firma Rosenthal, dem Restaurant, Veranstaltungsräumen, der Verwaltung sowie einem neuen Eingangsbereich mit Festplatz. Im Folgejahr wurde die Ausstellung zur technischen Keramik, 2007 zu dem Porzellankünstler Helmut Drexler fertig. Im Februar 2014 eröffnete das Museum – nun unter neuer Trägerschaft, dem Freistaat Bayern – mit „Porzellinerleben“ zur Sozialgeschichte der Porzelliner die bisher letzte Einheit der Dauerausstellung. 2018 vervollständigte man das Ensemble und erwarb die ebenfalls denkmalgeschützten, seit 2013 vom Museum angemieteten Zeidler-Gebäude, in denen zwischenzeitlich die Kartonagenfabrik Scherer untergebracht war. Derzeit werden sie als Depot für Sammlungsteile des Museums genutzt. Dem Ankauf zugrunde lag ein anspruchsvolles Nutzungskonzept mit dem Höhepunkt eines „Cafés über den Wolken“. Wieweit dies umgesetzt werden kann, wird man abwarten müssen.

Sanierung: 1990–2014 in mehreren Bauabschnitten
Standort: Werner-Schürer-Platz 1, 95100 Selb-Plößberg
Bauherr: Zweckverband Museum der Deutschen Porzellanindustrie
Planung: RSP Architektur + Stadtplanung GmbH, Rosestraße 24, 95448 Bayreuth
Plaßarchitektur, Burgstraße 8, 95707 Thiersheim
Albrecht Holl Planungs GmbH, Schmiedbergl 2, 95100 Selb
Architekturbüro Sticht, Dörflaser Platz 1, 95615 Marktredwitz

Fichtelgebirgsmuseum
Wunsiedel

C2 1960 beschloss der Fichtelgebirgsverein (FGV) das 1908 von seinem Mitglied Albert Schmidt initiierte Fichtelgebirgsmuseum in das Sigmund-Wann-Spital in Wunsiedel zu verlegen. Die dort noch untergebrachten Spitalbewohner sollten im Austausch in den nahe gelegenen ersten Museumsstandort, das nun frei werdende Lyzeum, umgesiedelt werden. Am 5. Juni 1964 wurde das Museum wieder eröffnet – in dem ehemaligen Spitalgebäude und zwei Nebengebäuden mit einer Ausstellungsfläche von 800 Quadratmetern. Heute erstreckt sich das Museum auf insgesamt neun um einen Hof gruppierte Gebäude, die Ausstellungsfläche beläuft sich auf 3100 Quadratmeter. Die meisten dieser Museumsbauten in der Sigmund-Wann-Straße und im Spitalhof sind denkmalgeschützt, einige haben spätgotische, andere barocke, wieder andere klassizistische oder biedermeierliche Ursprünge. Einige waren zunächst einfache Priesterhäuser, andere wie das Schirnding'sche Freihaus repräsentative Familiensitze, das Hospital war ein dreigeschosssiger Massivbau, während in anderen wie dem Reuther-Haus Reste der ehemaligen Stadtmauer stecken. Aus dem heterogenen Gebäudekonglomerat ein zusammenhängendes Museum zu machen, das gelang erst der ersten hauptamtlichen Museumsleiterin Renate Lotz in Zusammenarbeit mit dem Bamberger Architekturbüro Bauernschmidt. Standen einerseits Erhalt und skrupulöse Reparatur der historischen Bausubstanz im Vordergrund, so bewiesen die Architekten auch Mut zur Inszenierung und zu kräftigen Kontrasten. Und sie ließen den einzelnen Gebäuden ihre Individualität. „Unser Fichtelgebirgsmuseum stellt heute ein Schatzkästlein dar, das größtes Interesse für sich in Anspruch nehmen darf und in der bunten Vielgestaltigkeit seines Inventars einen wesentlichen Teil unsres Vereinsprogrammes in greifbarer Form und Gestalt präsentiert." Das sagte der ehemalige FGV-Vorsitzende Forstmeister Hofmann im Jahre 1913. Erweitert um die Museumgebäude gilt das auch noch heute.

Sanierung: 1980–1988, weitere Ergänzungen und Umbauten 2004 und 2013
Standort: Spitalhof 2, 95632 Wunsiedel
Bauherr: Zweckverband Fichtelgebirgsmuseum, Jean-Paul-Straße 9, 95632 Wunsiedel
Planung: Architekturbüro Bauernschmidt, Bamberg

Hammerschloss Torhaus

Tröstau-Leupoldsdorf

C3 An die vorindustrielle Erzgewinnung und Metallbearbeitung im Fichtelgebirge erinnert nur noch weniges. Was früher sich in einem Netz an Stollen, Gruben, Hämmern und Meilern über die gesamte Region zog, ist heute nur noch an einer Handvoll Standorten sichtbar. Einer davon ist der Leupoldsdorfer Hammer. Dieser, 1432 erstmals erwähnt, umfasste in seiner Blütezeit im 18. Jahrhundert u.a. ein halbes Dutzend Gebäude um das repräsentative Herrenhaus sowie Teichanlagen, die stets ausreichend Wasser sicherstellten. Als sich die Gemeinde Tröstau für den Hammer interessierte, dessen Betrieb bereits 1865 wegen Unrentabilität aufgegeben worden war, bot sich ein trauriger Anblick: Das Torhaus – ein Annex an das weiterhin in Privatbesitz befindliche Herrenhaus – war in einem trostlosen Zustand. Der Mühlgraben war verrohrt, die Teichanlage überwuchert, ein Teil des Geländes von leer stehenden Hallen einer aufgegebenen Schreinerei überformt. Heute besteht die Anlage aus Torhaus, Teichlandschaft und „Kurgarten". Im Erdgeschoss des Torhauses ist eine Tourismus-Infostelle, im Obergeschoss ein Multifunktionssaal mit einer Ausstellung untergebracht, die mit beeindruckenden Exponaten über die Geschichte der Hammer berichtet. Im Außenbereich wurden historische Gebäudereste sowie der Mühlgraben freigelegt. Der neue Kurgarten – ein Zier- und Nutzgarten, errichtet in der Form des urkundlich belegten Schlossgartens – beinhaltet moderne Einbauten aus Cortenstahl. Insgesamt ein ebenso ungewöhnlicher wie attraktiver Ort, der Information und Sinnlichkeit, Erinnerung und Erholung verknüpft.

Auszeichnung: Bayerische Denkmalschutzmedaille 2015
Sanierung: 2007–2010, 2015
Standort: Schloßweg 14, 95709 Tröstau
Bauherrin: Gemeinde Tröstau, Hauptstraße 6, 95709 Tröstau
Planung: Kuchenreuther Architekten/Stadtplaner,
Markt 12–14, 95615 Marktredwitz
Marion Schlichtiger Landschaftsarchitektur,
Theresienstraße 5, 95632 Wunsiedel
Architekturbüro Kerstin Holl,
Moltkestraße 27, 95615 Marktredwitz

Lokschuppen

Selb

C4 Daran, dass die Ludwig-Süd-Nord-Bahn mit mehreren Neben- und Stichstrecken eine Schlüsselrolle bei der Industrialisierung Hochfrankens spielte, daran erinnern heute nur noch wenige Orte. Beispielsweise das Deutsche Dampflokmuseum in Neuenmarkt-Wirsberg, die leider nur noch in Teilen erhaltene, einer Basilika ähnelnde Einsteighalle des ersten Hofer Bahnhofes und der 1913 gebaute Lokschuppen in Selb. Dieser gehörte zur 1974 aufgelassenen Bahnbetriebswerk-Außenstelle Selb der Fichtelgebirgsbahn. Hier gab es eine Reihe von Werksgleisanschlüssen, auf denen man die einzelnen Porzellanfabriken mit Rohstoffen versorgte und Fertigware abtransportierte. 2001 konnte der Modell- und Eisenbahnclub Selb-Rehau nach schwierigen Verhandlungen den Lokschuppen und das 1952 als eines der ersten elektrischen in Betrieb gegangene Stellwerk mit rund 13 000 Quadratmeter Grund von der Deutschen Bahn übernehmen. Die Eisenbahnfreunde bauten nicht nur einen Teil der Gleisanlagen wieder auf, sondern restaurierten den maroden Ringlokschuppen samt Stellwerk. Hier stehen heute einige Original-Werksloks von Winterling, Rosenthal, Heinrich & Co. und Zeh, Scherzer & Co. In einem weiteren Abschnitt wurden die 1931 gebaute Drehscheibe und ein Anbau des Lokschuppens instand gesetzt. Letzterer beherbergt u.a. ein Büro und zwei Schlafstuben für Lokführer. Die Hobbyeisenbahner legten dabei große Detailfreude an den Tag und statteten den Bau zeittypisch aus – von Rollschränken über Original-DB-Bettwäsche bis zu einem alten, schon ausgefüllten Bettenbelegeplan. Ziel des Clubs ist der Betrieb eines Museums für Industrie- und Werksbahnen, wobei auf deren Bedeutung für die industrielle Entwicklung Hochfrankens eingegangen werden soll.

Instandsetzung: 2004–2017
Standort: Nähe Maria-Rilke-Weg/Plößberger Weg, 95100 Selb
Bauherr: Modell- und Eisenbahn-Club Selb/Rehau e.V., Schillerplatz 1, 95111 Rehau
Planung: Fritz Sell, Hertwegsgrün 6, 95179 Geroldsgrün
Plaßarchitektur, Burgstraße 8, 95707 Thiersheim

64 019
1

Goldener Löwe
Weißenstadt

C5 Mit der Eröffnung des „Siebenquell-Thermalressorts“ hat der Tourismus in Weißenstadt deutlich zugenommen. So kann man die Einrichtung einer Kur- und Touristen-Information im vormaligen Wirtshaus „Goldener Löwe“ als eine sehr vorausschauende Entscheidung der politisch Verantwortlichen dieser Kommune anerkennen. Das Gebäude selbst, ein traufständiges biedermeierliches Typenhaus, mit denen Weißenstadt nach dem großen Stadtbrand 1823 wiederaufgebaut wurde, wurde in den 1990er Jahren durch ein Feuer zerstört und blieb jahrelang Ruine. Bis Bürgermeister Frank Dreyer in Zusammenarbeit mit dem Landesamt für Denkmalpflege und dem Architekten Peter Kuchenreuther die Idee entwickelte, besagte Infostelle im Erdgeschoss und einen Multifunktionssaal im Obergeschoss zu installieren. Der Wiederaufbau hob die historischen Elemente heraus – etwa die Fenster- und Türgewände, die Gewölbe, die mächtigen Granitbodenplatten. Diese bilden einen effektvollen Kontrast zur modern-eleganten Ausstattung der Infostelle: weiß laminierte Holzmöbel, Glaswände sowie weinrotes und schwarzes Leder. Höhepunkt ist allerdings der Saal im Obergeschoss: Der Raum ist bis zu acht Meter hoch. Da das Dach ja vollständig abgebrannt war, entwickelte Kuchenreuther mit dem Tragwerksplaner Jörg Wittmann eine freispannende Dreieckskonstruktion für ein Sparrendach aus Leimholzbindern. Damit dieses Dach ohne Stütze auskommt, sind die Auflager als Ringanker konzipiert: ein zehn Zentimeter starker, etwas abgesetzter Stahlbetonbalken, der wie ein geschlossener Gurt wirkt. Ausstellungen, Konzerte, Theateraufführungen finden in dem Saal statt. Und auch die Sitzungen des Stadtrats – vielleicht auch um vorausschauende Entscheidungen zu treffen.

Sanierung, Wiederaufbau: 2012–2014
Standort: Wunsiedlerstraße 4, 95163 Weißenstadt
Bauherrin: Stadt Weißenstadt, Kirchplatz 1, 95163 Weißenstadt
Planung: Kuchenreuther Architekten/ Stadtplaner, Markt 12–14, 95615 Marktredwitz
Architekturbüro Fröhlich Ludwig und Reiner, Lorenzreuther Straße 1a, 95615 Marktredwitz
Wittmann Strukturmechanik, Adam-Krafft-Straße 6, 95615 Marktredwitz

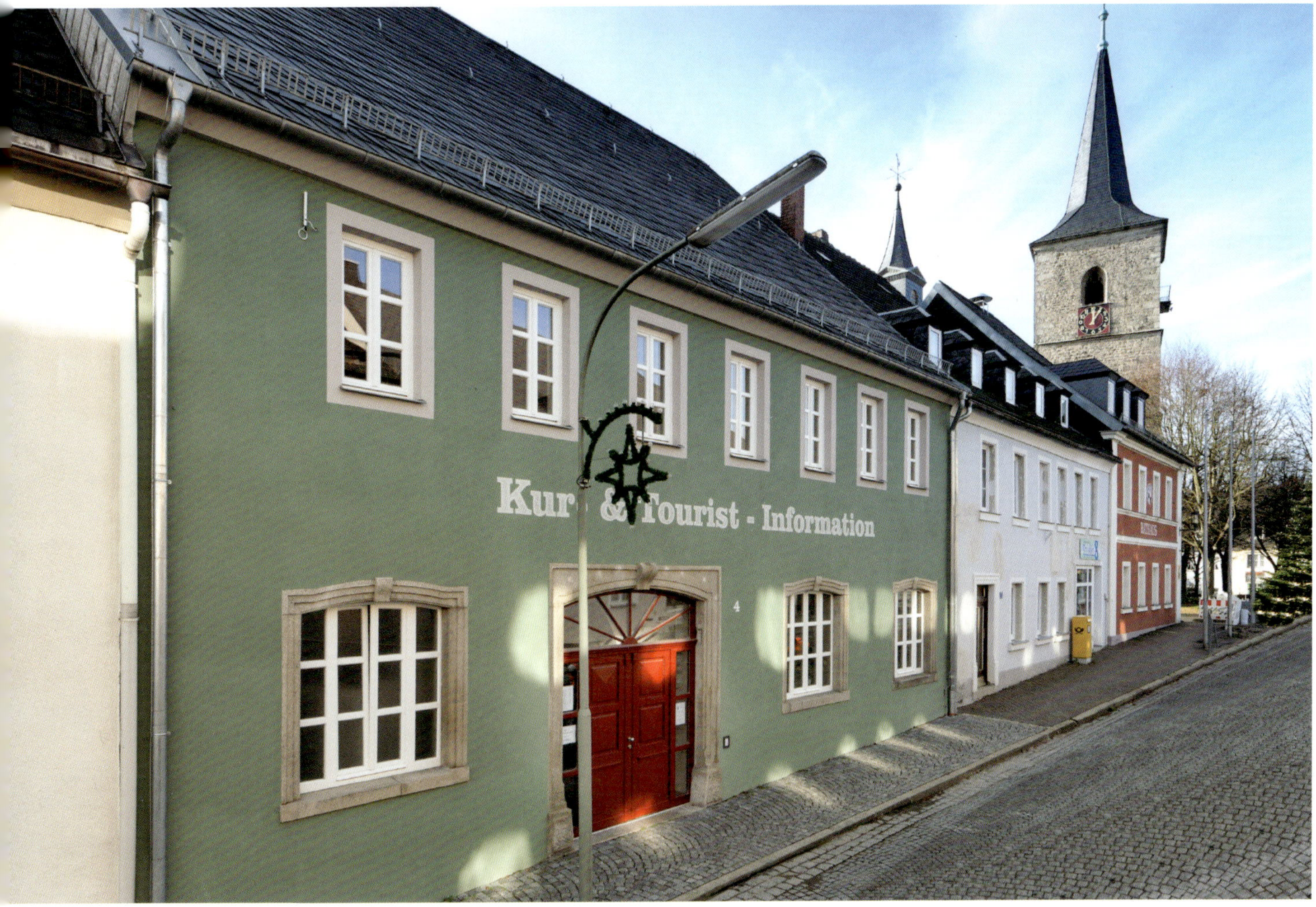
Kur & Tourist - Information

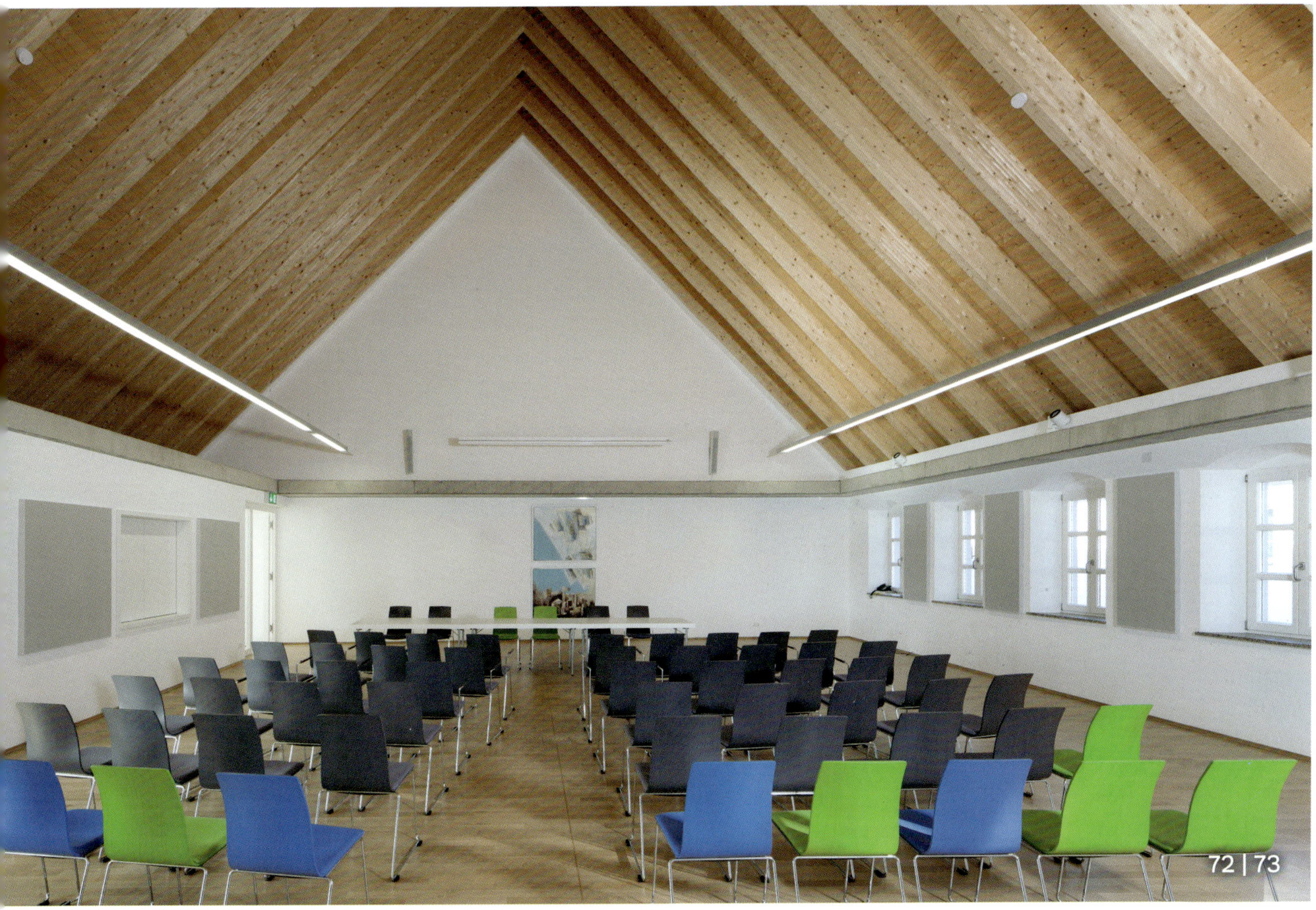

Stadthalle/Turnhalle

Marktredwitz

C6 Auf dem Giebelfeld des klassizistischen Eingangsportals steht zweizeilig, in leicht geschwungener Putzschrift „STÄDT. TURNHALLE". Durch ein Gesims getrennt, steht darunter etwas größer, in der deutlich modernen Schrift „Century Gothic" und einzelnen Buchstaben aus Edelstahl: „STADTHALLE". Es sind wahrscheinlich nur Ortsfremde und Neubürger, die in diesen beiden Aufschriften auf dem 1924 errichteten Gebäude einen Widerspruch sehen. Richtig daran ist: Der Leipziger Architekt Richard Eder und sein Ingenieurskollege Alfred Paatz hatten damals eine Turnhalle geplant – in unmittelbarer Nachbarschaft zu der bereits 1908 fertiggestellten Grundschule. Bis in die 2000er Jahre wurde diese Turnhalle nach ihrem ursprünglichen Zweck auch genutzt – freilich mit immer größeren Einschränkungen. Erst wurde Unfallgefahr festgestellt, dann die Betriebserlaubnis entzogen. Und die Grundschüler mussten mit Bussen zu anderen Turnhallen der Stadt gekarrt werden. Weil die „Städt. Turnhalle" andererseits lange Zeit die größte Halle in Innenstadtnähe war, musste sie früh schon und immer häufiger für sportfremde Veranstaltungen herhalten: Theater, Konzerte, Festakte, große Empfänge, politische Veranstaltungen und – besonders beliebt – Faschingssitzungen. Im Jahre 2012 wagte die Stadt Marktredwitz dann einen klaren Schnitt: Sie schrieb ein Verhandlungsverfahren unter anderem mit dem Zweck eines Neubaus einer Einfachturnhalle aus.

Die Auslobung forderte ausdrücklich „Synergieeffekte zwischen Alt- und Neubau". Erst der Neubau einer in unmittelbarer Nähe gelegenen Turnhalle machte möglich, die Zwitternutzung zu beenden, die allmähliche Mutation von Sport- in Kulturhalle zu vollenden und den Altbau nach einer Sanierung auch offiziell als Stadthalle zu benutzen. Zumal zum ersten in den ehemaligen Räumen für Garderobe etc. gleich die Sing- und Musikschule eine fabelhafte Unterkunft fand. Zumal zum zweiten das Ergebnis besagten Verfahrens vorsah, den Neubau unmittelbar südlich des Altbaus zu errichten und beides mit einem gemeinsamen Foyer zu verbinden. Die drei Architekturbüros, die eine

Arbeitsgemeinschaft bildeten, zogen aus der schwierigen topografischen Situation – ein Geländeversprung von bis zu acht Metern mit mehreren Ebenen – einen Vorteil: Der größtenteils mit Holzfertigteilelementen errichtete Neubau rückte ganz nahe an den Altbau heran, wobei die Bodenkante im Erdgeschoss 3,40 Meter niedriger ist als die des Altbaus. Der zweigeschossige Trakt mit all den Nebenräumen – Umkleiden, Sanitärräume, Räume für das Lehrpersonal – liegt zwischen Neu- und Altbau. Über den Verbindungsbau kann man nun diese Räume, falls erforderlich, bei einer größeren Festivität in der Stadthalle benutzen. Entsprechende Schließeinrichtungen sind vorhanden.
Die geforderten Synergieeffekte erfüllten die Architekten zweifellos, der formale Kontrast zwischen kubischem Neu- und vielgestaltigem Altbau allerdings ist beträchtlich. Während letzterer ein Amalgam zwischen Heimat- und Jugendstil mit einem guten Schuss Expressionismus darstellt, ist ersterer ein ebenso durchrationalisierter wie reduzierter Zweckbau, der seine Attraktivität in erster Linie aus der räumlichen Großzügigkeit, damit zusammenhängend der Lichtfülle und vielfachen Ein- und Durchblicken bezieht. Zudem ist Holz nicht nur Konstruktionsbaustoff, sondern wurde so eingesetzt, dass es – als warme Oberfläche etwa, wie zu einem Schleier verdichtet oder als rhythmisierende Stützen – auch die Atmosphäre prägt. Und: Die Architekten haben kluge Entscheidungen getroffen, die die Funktionalität des Gebäudes merklich erhöhen. Man hat stets das Gefühl, dass alles am genau richtigen Platz ist. (Als vorwiegend mit Neubauten sich beschäftigender Architekturkritiker hat man diese Empfindung nicht immer.)
Das ist beim Altbau nicht der Fall. Dieser erfuhr immer wieder bauliche Veränderungen. Schon wenige Jahre nach Fertigstellung wurde, weil sich der Längsträger gesenkt hatte, das Tragwerk des Tonnendaches von Längsspannung auf Querspannung umgestellt. Die Stützen hatte man mit Stahl verstärkt, wobei die kapitellähnlichen, bizarr wie Fratzen geformten Stützenköpfe einen expressiven Höhepunkt darstellen. Das hölzerne Tonnendach selbst erstrahlt nach der Sanierung und Farbschichtanalyse wieder im ursprünglichen Zustand, inklusive der ornamentalen Bemalung. Dass man diese bewundern kann, ist auch der Verdienst einer neuen Lichtanlage. Die früheren, fast grellen Spots ließen die Decke im Schatten, mit der neu geschaffenen, äußerst filigranen Leuchtschienenkonstruktion ist der Saal in seinem ganzen Volumen erlebbar.

→

Die Architekten, die Sanierung und Umbau zur Stadthalle verantworteten, stellten bewusst den eigenen Gestaltungsanspruch zurück; sie reparierten und beseitigten Mängel, wenn es nötig war zugunsten des Denkmals. Das technische Ertüchtigen des Gebäudes nach derzeit geltenden Vorschriften erscheint fast selbstverständlich. Wobei man freilich die Halle gemäß der neuen, oder besser: endgültigen Bestimmung nicht in den Urzustand zurückversetzt, sondern die prägenden Einbauten – etwa die Installation einer Bühne in den 1960er Jahren – in Abstimmung mit der Denkmalpflege belassen hat. Und manchmal auch Überraschendes zu Tage förderte: das Fischgrätparkett aus Buche etwa. Es hatte durch falsche Pflege seine Farbe ins schmutzig Graue gewechselt und überdies – stets im Sommer – bis zu einem halben Meter hohe Wellen geworfen. Unglaublich, aber wahr – aus unbekanntem Grund. Bei der Sanierung wurde nicht nur neu verputzt, sondern auch die Gebäudehülle thermisch ertüchtigt. Seitdem bleibt das Parkett glatt. Früher hatten offenbar große Temperaturunterschiede im Sommer am Boden für Kondenswasser gesorgt, das wiederum für die Verformungen verantwortlich war.
„Nach umfassender Sanierung erstrahlt die Stadthalle in neuem Glanz. Wir finden: Ein Grund zum Feiern!" Das sind die ersten Sätze eines Flyers, den die Stadt Marktredwitz Anfang Dezember 2019 anlässlich der Wiedereröffnung der Stadthalle drucken und verteilen ließ. Die bunte, offenherzige Aufmachung des Flyers, der Duktus seiner Texte und die angekündigten Veranstaltungen offenbaren die große Freude der Stadt, der Stadtgesellschaft, einen sie konstituierenden Raum und Treffpunkt zurückerobern zu können. Möglich wurde das allerdings nicht durch Beharren, sondern durch kluges Weiterbauen – sämtlichen möglichen Widersprüchen in irgendwelchen Aufschriften zum Trotz.

Neubau Turnhalle: 2015–2017
Sanierung Stadthalle: 2017–2019
Standort: Bauerstraße 3, 95615 Marktredwitz
Bauherrin: Stadt Marktredwitz, Egerstraße 2, 95615 Marktredwitz
Planung: Neubau Turnhalle Grellmann Kriebel Teichmann & Partner, Würzburg/Bamberg
lab landschaftsarchitektur brenner, Landshut
Kuchenreuther Architekten Stadtplaner, Marktredwitz
Sanierung Stadthalle Kuchenreuther Architekten Stadtplaner, Marktredwitz

Haus Marteau mit Konzertsaal

Lichtenberg

C7 „Spitzen Akustik“, „Spitzenmusik unter Granitspitzen“, „imposante Bergwerksoptik“, „spektakuläre Vision aus Granit“, „Granitexplosion unter Tage“, „Atmosphäre eines Bergwerks“: Das Gebäude, der unterirdische Konzertsaal und seine extravagante Gestaltung laden die Journalisten und Blattmacher der Tageszeitungen zu Sprachspielen geradezu ein. Der Bauherr ist stolz, die Politik ist stolz, die Lichtenberger Bevölkerung etwas vorsichtiger. Das Wichtigste aber: Die ersten Konzerte waren ausverkauft. Und, traut man den Glücklichen, die eine der seltenen Eintrittskarten bekommen hatten, dann war es nicht nur ein klangliches, sondern auch ein optisches Erlebnis. Selbst seine stets konkurrenzbewussten Kollegen gratulieren Peter Haimerl, der „Ausnahmeerscheinung in der deutschen Architekturszene“, zu dem eindrucksvollen Coup, der ihm gelungen ist. Einmal mehr. War doch der Baumeister aus München der Architekt des „Wunders von Blaibach“, des in die Erde gekippten, mehrfach preisgekrönten Musikkubus in dem niederbayerischen Grenzort, der es sogar 2019 auf eine Sondermarke der Deutschen Post geschafft hatte. Man kann sich auch die Musikbegegnungsstätte Haus Marteau mit ihrem neuen, im August 2021 eröffneten Konzertsaal auf einem Postwertzeichen vorstellen. Der Frankenpost, die vom „weltweit einmaligen Konzertsaal“ schrieb, ist recht zu geben.
Blaibach hat rund 1900 Einwohner, Lichtenberg rund 1100. Beide Orte sind weit weg von überregionalen Verkehrstrassen, weitab von jeder Großstadt. Doch Provinz ist nicht gleich Provinz. Haimerls Blaibacher Konzerthaus ist zwar Mittelpunkt des vom weltberühmten Bariton Thomas Bauer und der Pianistin Uta Hielscher initiierten „Musikfestivals Kulturwald“, zwar sind die Konzerte regelmäßig ausverkauft, dennoch bleibt dieser laut BauNetz aus heiterem Himmel eingeschlagene „Meteorit der Hochkultur“ ein isoliertes Phänomen. Spitzenmusik in Lichtenberg dagegen hat Tradition, ist vernetzt und verfügt über die nötige Infrastruktur bei Gastronomie und Hotellerie. Da ist zunächst der 1874 in Reims geborene Henri Marteau: ein musikalisches Wunderkind, der als Dreizehnjähriger Konzerte in Wien, Dresden, Prag und London gibt, der 1894 50 Mal quer durch die USA auftritt, der 1908 auf Deutschlands renommiertesten Violinlehrstuhl an der Königlichen Hochschule für Musik in Berlin berufen wird. Zwei Jahre später reist Superstar Marteau zum ersten Mal nach Lichtenberg – auf Einladung des Dortmunder Musikdirektors Georg Hüttner in dessen Ferienhaus. Und verliebt sich sofort in die Gegend, kauft sich mehrere Grundstücke am Rande des Städtchens und lässt sich von Hans Schwab, Betreiber von Architekturbüros in Berlin und Basel, dort einen Sommersitz bauen. Schwab schreibt 1915 in der Schweizerischen Bauzeitung: „Der vielfach an die Vorzüge unseres Jura erinnernde Reiz der Landschaft (des Frankenwaldes) hat neuerdings einige Künstler bestimmt, sich dort anzusiedeln; Marteau hat sich diesen angeschlossen.“

Schwab hatte das Haus „zu dauerndem Aufenthalt projektiert", und der Geigenvirtuose kam früher, als ihm lieb war, in diesen Genuss: In den Wirren des Ersten Weltkriegs wurde der französische Reserveoffizier und Berliner Professor der Spionage bezichtigt, wanderte eineinhalb Jahre lang durch preußische Gefängnisse und Internierungslager, um – unter Hausarrest gestellt – zusammen mit seiner zweiten Frau Blanche wieder in Lichtenberg zu landen. Der Krieg bedeutete für Marteau einen Karriereknick, er unternahm zwar weiterhin Konzertreisen – auch international –, doch wirkte er fürderhin mehr als Pädagoge, denn als Künstler. Auch in Lichtenberg, wo er in seiner Villa bis zum Tod 1934 Schüler aus aller Welt unterrichtete, Sommerakademien gab und die Tradition der Abschlusskonzerte begründete.

Schwab wurde mit einer Studie über die Dachformen des Bauernhauses in der Schweiz und in Deutschland zum Dr. Ing. promoviert. Das weit überstehende Mansarddach ist auch in Lichtenberg ein prägendes Element. Mit Schiefer gedeckt, krönt es die gut proportionierte Baumasse des lang gestreckten Riegels, der nach Westen sanft in die hügelige Landschaft einmodelliert scheint. Dagegen öffnet sich das Landhaus mit großen Fenstertüren und einer ausgedehnten Terrasse nach Osten, in den parkähnlichen, mit pittoresken Baumgruppen bepflanzten Garten und ins wildromantische Höllental. Innen vereint es mit Teppichen, tapetenbespannten Wänden, Gemälden und Jagdgeweihen all jene Elemente, die man Anfang des vergangenen Jahrhunderts einen herrschaftlichen Stil nannte. 1980 kaufte der Bezirk Oberfranken das Lichtenberger Anwesen inklusive eines Großteils des Interieurs. Das Haus wurde – nicht immer sensibel – saniert und nach einer Idee des Musikwissenschaftlers Günther Weiß in eine internationale Musikbegegnungsstätte umgebaut.

Die Begegnungsstätte ist nach dem erklärten Willen des Bezirks Oberfranken eine Eliteschmiede: Im einstigen Wohnhaus eines Musikers von Weltruf sollen Talente von älteren Meistern lernen. Jährlich werden hochbegabten jungen Musikern aus allen Nationen rund 40 Meisterkurse für klassische Instrumente und Gesang angeboten. Darüber hinaus gibt es das von Weiß gegründete „Jugendsymphonieorchester Oberfranken", das eine Verbindung zwischen der Musikbegegnungsstätte und musikalischen Talenten in Oberfranken herstellt und etwa im Kurhaus Weißenstadt konzertiert. Es gibt eine Kooperation mit den Hofer Symphonikern. Es gibt die Konzertreihe „Haus Marteau auf Reisen" und die „3Klang-Konzerte" in Schulen und sozialen Einrichtungen sowie eine Zusammenarbeit mit der „Kulturloge", bei der Eintrittskarten an Menschen mit geringem Einkommen weitergegeben werden. Doch die Abschlusskonzerte der Meisterkurse fanden bisher in bescheidenem Rahmen statt – in einer vom früheren Speisesaal über das Wohnzimmer der Marteaus bis zum Boudoir der Madame gebildeten Raumenfilade. Im Privatissimum gleichsam. Dies wollte der Bezirk Oberfranken ändern und die Villa zum einem mit einem Konzertsaal erweitern, in dem auch mehrere Musiker proben können. Und zum zweiten mit zusätzlichen Übungsräumen, damit parallele Kurse stattfinden können.

Startpunkt des Projekts war ein Workshop mit Architekturstudenten der Fachhochschule Coburg. Mit einem klaren Ergebnis: Das Ding musste unter die Erde, jedes andere Gebäude wäre gegenüber Villa und Garten viel zu dominant geworden. Und so erinnerte man sich beim Bezirk an den gekippten Konzertkubus in Blaibach und beauftragte – nachdem man eine Machbarkeitsstudie in Auftrag gegeben hatte – dessen Baumeister. Haimerl, dessen Konzept betont, Park und Gebäude „optisch weitestgehend unangetastet →

zu belassen", ordnete zunächst das Untergeschoss neu: Schwab hatte das Haus teilweise unterkellert, beim Umbau zur Begegnungsstätte wurde eine Hausmeisterwohnung im Keller gebaut, Haimerl schließlich vertiefte fast das ganze Untergeschoß um 60 Zentimeter. So erhielt er eine stilvolle Lounge, die auch als Eingangsbereich dient, und drei weitere mit Blick in den Garten ausgestattete Übungsräume für die Meisterschüler. Höhepunkt ist der ein paar Meter südlich der Villa gelegene, von außen nicht sichtbare Konzert- und Probensaal, der in einen Erdhügel eingegraben ist. Von der Villa zum Saal gibt es einen von Haimerl „Stollen" genannten, unterirdischen, leicht geneigten Verbindungsgang sowie einen neuen Aufzug, der den barrierefreien Zugang und auch den Transport von Instrumenten ermöglicht.

Der Stollen führt in eine für einen Konzertsaal doch mit 13 x 13 Meter eher kleine, geradezu intime Sichtbetonhöhle, von deren Decke und Wänden tetraederförmige, scharfkantig erscheinende Steinkörper hängen: die – allseits zu Metaphern motivierenden – „Granitspitzen". Insgesamt 33, in unterschiedlichen Formen und Größen, aus 330 einzelnen, jeweils 40 Millimeter dicken Granitplatten gefertigt. Die größte Spitze ist 13 Meter lang und fast sieben Tonnen schwer. Der Granit stammt aus dem niederbayerischen Aicha vorm Wald. Haimerl schreibt: „Kristalline Granitsplitter bilden eine akustisch wirksame Oberfläche des Saales." Die einzelnen Volumina, deren Geometrie und Ausrichtung, wurden in Abstimmung mit den Ingenieuren des im Bereich Akustik international führenden Büros Müller-BBM entwickelt. Die Steinkörper reflektieren und streuen den Schall gleichermaßen und tragen damit zu einer herausragenden Akustik bei. Ansonsten gibt sich der Raum minimalistisch: Für Bühne, Treppen und die beiden aufsteigenden Zuschauerreihen wurde ein einfaches Parkett verwendet, die insgesamt 86 Sessel sind grau gepolstert und haben eine sehr reduzierte Form. Gegenüber den harten Oberflächen von Granit und Beton tragen die eher weichen Flächen von Holz und Polstern darüber hinaus zur akustischen Balance bei. Die Technik – Leitungen, Kabel, Schalter, Steckdosen – ist nahezu unsichtbar. Und den vorgeschriebenen zweiten Rettungsweg sichert ein Ausgang, der direkt in den Garten führt und dessen schmale Edelstahlfassade ein Stück weit aus der Hügellandschaft herausragt.

Was diese Spitzen zum Spektakel macht, ist eigentlich ein einfacher Trick: Sie werden hinterleuchtet. Erst durch diese und das dadurch bedingte plastische Hervortreten der Granitkörper gleicht der geradezu dramatische Raum jener „erstarrten Explosion", von der Haimerl spricht. Der Raum ist faszinierend, sensationell, außergewöhnlich, magisch, ja einmalig. Ein bestrickender Nebeneffekt: Auf spiegelnden Flächen – wie etwa einem polierten Deckel eines Flügels – multiplizieren sich Linien und Formen und verdichten sich zu einer betörenden Collage. Die vielfach gezackten Leuchten und das kleine scharfkantige Fenster wirken dagegen ziemlich blass.

Was überzeugt, ist die Architektur Haimerls. Seine Begründungen eher nicht: In Blaibach berief er sich auf die örtliche Tradition der Steinhauer, bei Lichtenberg heißt es: „In seiner Formensprache knüpft der Architekt an die ehemalige Bergbautradition der Region an." Die Anknüpfung geht allerdings nicht so weit, dass Haimerl, was naheliegen und der bemühten Tradition entsprechen würde, Granit aus dem Fichtelgebirge verwendet hätte. Musikinteressierte werden sich an solchen architekturtheoretischen Feinheiten nicht stören. Und Rockfans werden sich an die „A-Bigger-Bang" genannte Tournee der Rolling Stones von 2005 bis 2007 erinnern, deren Plakat – eine Explosion stilisierend – dem Konzertsaal ein wenig ähnelt. Dieser ist nicht einfach eine Erweiterung der Villa Marteau. Der Saal vervollständigt die Musikbegegnungsstätte im Haus Marteau zu einer Einrichtung, die den Anforderungen, die man heute und in Zukunft an eine solche stellen kann, in überdurchschnittlicher Weise genügt. Durch ihre spektakuläre Architektur erregt sie mediale Aufmerksamkeit – und damit neues Interesse an Henri Marteau, an talentierten Musikern, an herrlicher Musik aus dem Nordosten Oberfrankens. „Spitze" ist dafür das angemessene Adjektiv.

Sanierung und Neubau: 2017–2021
Standort: Lobensteiner Straße 4, 95192 Lichtenberg
Bauherr: Bezirk Oberfranken, Cottenbacher Straße 23, 95445 Bayreuth
Planung: Peter Haimerl.Architektur, Lothringer Straße 13, 81667 München
Bauleitung: Hüttner Architekten, Brauhausstraße 12, 95192 Lichtenberg

Ehemaliges Forsthaus

Hohenberg a. d. Eger

C8 Auch das 1768 errichtete Hohenberger Forsthaus blickt auf eine bewegte Geschichte zurück. So lebte etwa Justina Reuß, die Schwiegermutter von Carolus Magnus Hutschenreuther, in dem zweigeschossigen Gebäude, über dessen Grundmauern aus Feldstein sich eine hölzerne Fachwerkkonstruktion mit Mansarddach erhebt. Von 1939 bis 1950 diente das Haus zur Milchverteilung, kam dann in Privatbesitz und verfiel in den ersten Jahren des 21. Jahrhunderts zusehends. Nachdem bereits 2010 ein Stallanbau abgerissen werden musste, gelang der 2013 gegründeten, sofort auf großen Zuspruch stoßenden Initiative „Förderkreis zum Erhalt historischer Denkmäler in Hohenberg a.d. Eger" mit sehr viel Eigenleistung die Rettung dieses Gebäudes. Man erarbeitete ein Nutzungskonzept: einen Veranstaltungssaal, Seminarräume für die nahe Ökologische Bildungsstätte Hohenberg, Ausstellungsräume und Räume für das Stadtarchiv Hohenberg, inklusive zweier Arbeitsplätze für Forscher. Man beauftragte die Planungsgruppe Nordbayern mit einem stichhaltigen, an die Nutzungen angepassten Sanierungskonzept. Heute präsentiert sich das Gebäude als geglückte, auch im Detail überzeugende Symbiose von Alt und Neu. Moderne Lösungen wie Stahl-Glas-Wände, Wand- und Fußbodenheizung oder Leuchtschienen in Stahlträgern harmonieren perfekt mit Stuckdecken, mit der freigelegten Holzkonstruktion im Obergeschoss oder aufgearbeiteten Natursteinfenster- und -türgewänden. Und die uralte hölzerne Spindeltreppe, ein bemerkenswertes Schmuckstück, wurde perfekt integriert.

Auszeichnung: Bayerische Denkmalschutzmedaille 2020
Denkmalpreis des Bezirks Oberfranken 2021
Sanierung: 2014–2019
Standort: Hirtengasse 2, 95691 Hohenberg a. d. Eger
Bauherr: Förderkreis zum Erhalt historischer Baudenkmäler in Hohenberg, Im Winkel 10a, 95691 Hohenberg a. d. Eger
Planung: Planungsgruppe Nordbayern, Hofer Straße 13b, 95632 Wunsiedel

Staatliche Wirtschaftsschule – „Kaffeemühle“

Wunsiedel

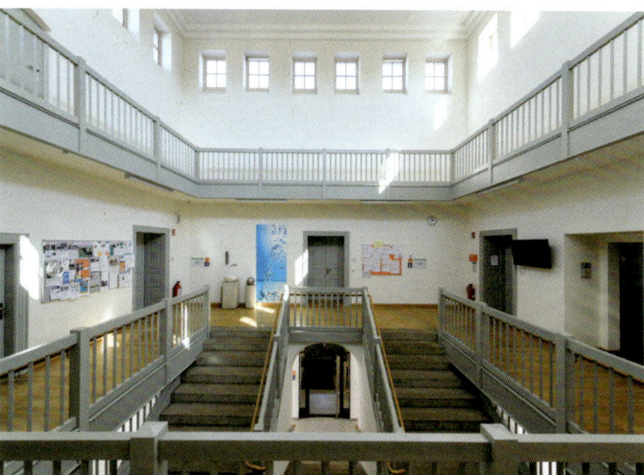

C9 König Ludwig I. habe den Plan des Baukunstausschusses angenommen. Darüber hinaus wünsche Seine Majestät, heißt es in einem Schreiben vom 11. März 1838 an das Landgericht Wunsiedel, dass der Entwurf des Ausschussvorsitzenden, Friedrich Gärtner, „exakt eingehalten“ werde. Doch Bauschäden und fortgesetzte Umbauwünsche kennzeichnen die Geschichte des stets als Schule dienenden, klassizistischen Baus am Ende der Wunsiedler Maximilianstraße, den wegen seiner quadratischen Laterne der Volksmund „Kaffeemühle“ nennt. In den Weihnachtsferien 2010/2011 drang Wasser durch das undichte Dach, lief über die Wände und Böden, es kam zur Schimmelbildung. Das Leeren der Eimer, die das von der Decke tropfende Wasser auffingen, gehörte zum täglichen Unterricht. Der Landkreis tat das einzige Richtige und beschloss, das Gebäude nicht einfach zu sanieren, sondern die Schule sowohl bei der Haustechnik als bei digitalen Unterrichtsmöglichkeiten auf den neuesten Stand zu bringen. Seither gehören Fußboden- bzw. Wandheizung oder Isolierfenster ebenso zum Alltag der 180 Wirtschaftsschüler und ihrer Lehrer wie Smart-Boards, Beamer und WLAN. Wobei der Charme des ebenso erhabenen wie eleganten Gebäudes gewahrt werden konnte – bei dem dieser unglaubliche, von der Laterne belichtete Raum des Treppenhauses den Höhepunkt darstellt. So einen Luxus würde selbst die zuletzt 2017 reformierte, bayerische Schulbauverordnung nicht genehmigen. Ludwig I. dagegen erhob Friedrich Gärtner 1840 in den Adelsstand.

Sanierung: 2011–2014
Standort: Hofer Straße 1, 95632 Wunsiedel
Bauherr: Landkreis Wunsiedel im Fichtelgebirge, Jean-Paul-Straße 9, 95632 Wunsiedel
Planung: | Architekten-Stadtplaner-Ingenieure, Egerstraße 44, 95615 Marktredwitz

Volkshochschule Hofer Land

Hof

C10 Das Gebäude sei „ein tolles Beispiel“ für das, was man aus einem Denkmal machen könne, sagt ein versierter oberfränkischer Denkmalpfleger. Und in der Tat, der Gebäudekomplex, den die Volkshochschule im Landkreis Hof 2015 erwarb und bis 2019 für ihre Bedürfnisse umbauen ließ, ist eine sehr gelungene und überdies harmonische Verbindung von Vergangenheit und Gegenwart – gerade wegen der klaren Ablesbarkeit von Alt und Neu. Das dreiflügelige, etwa 1825 errichtete ehemalige Postamt sowie das 20 Jahre vorher gebaute Mietswohnhaus mit dem charakteristischen Mittelrisalit wurden mit einem überdachten Innenhof und einem kleinen Anbau im Westen ergänzt. Das bis ins Detail stringente Konzept des beauftragten Büros „spindler+ Architekten“ schuf Unterrichtsräume mit einer Vielzahl verschiedener, stets anregend wirkender Atmosphären. Die wenigen historischen Bauteile – schöne Kassettentüren, Beschläge oder Bodenbeläge beispielsweise, die frühere Umbauten noch übrig gelassen hatten – wurden erhalten, sorgsam repariert und wiederverwendet. Spektakulärster Raum ist das haushohe, multifunktional nutzbare Atrium mit einer Stahl-Glas-Fassade und einer zentralen Erschließung, mit der man – auch barrierefrei – die unterschiedlichen Höhenniveaus erreichen kann. Das Haus macht überdies seinem Nutzer alle Ehre: Eine Reihe von Infotafeln gibt Auskunft über die historischen Bauteile, Materialien und Fundstücke – und trägt so en passant zur architektonischen Bildung bei. Die Volkshochschule im Hofer Land, die zu den drei größten Volkshochschulen Bayerns gehört, suchte ein Bauwerk, mit dem sie weiter expandieren kann. So ist der Gebäudekomplex zwischen Max- und Ludwigstraße ein tolles Beispiel für eine Altbausubstanz, die sich – ein kluges architektonisches Konzept vorausgesetzt – auch für Nutzer eignet, die größere Flächen benötigen.

Sanierung: 2015–2019
Standort: Ludwigstraße 5–7, 95028 Hof
Bauherr: Landkreis Hof, Schaumbergstraße 14, 95032 Hof
Planung: Spindler+ Architekten, Kühnlenzhof 4, 96317 Kronach

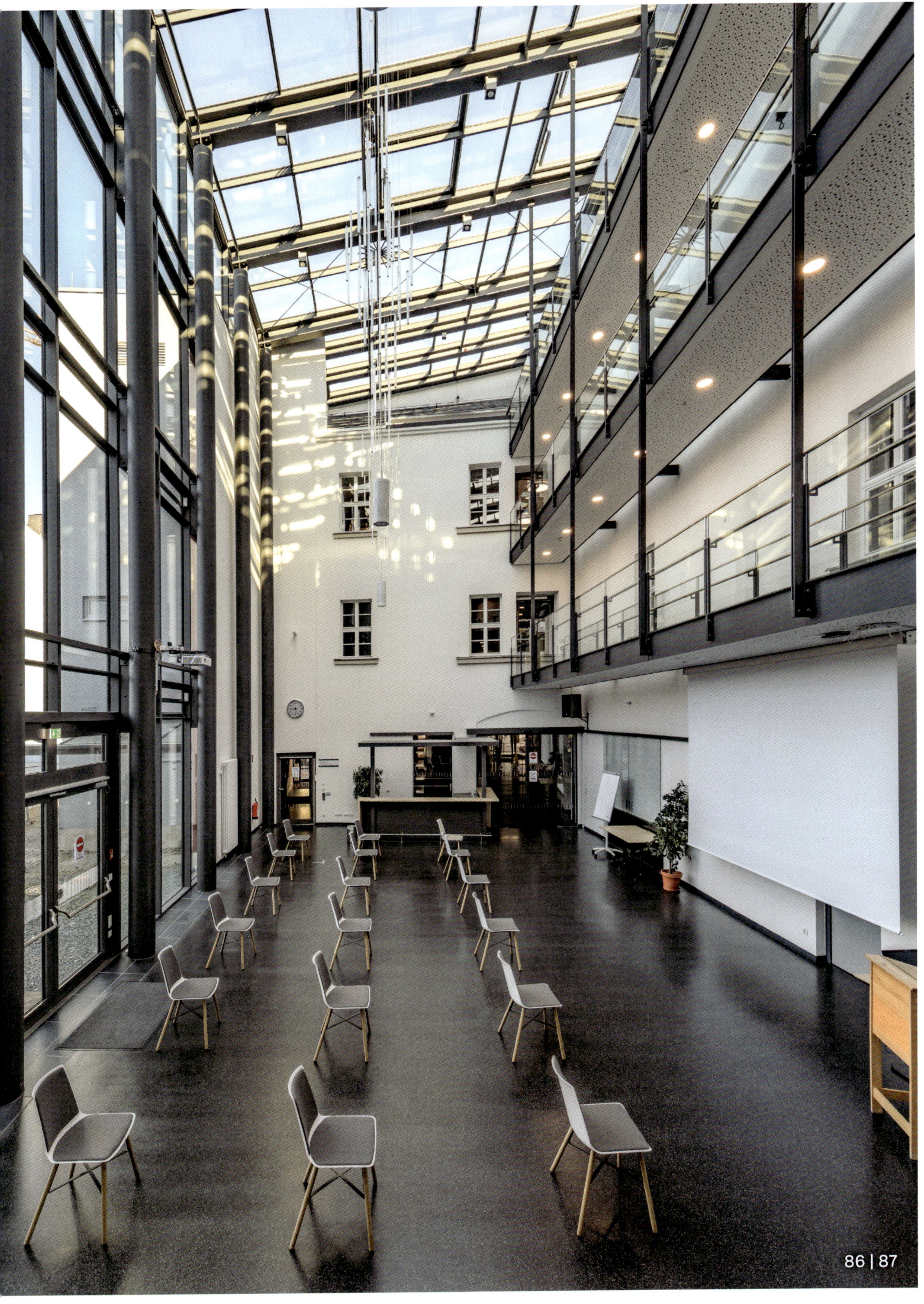

Sakrale Gebäude

GOTT IN DER HÖHE

Lutherkirche

Bad Steben

D1 Architekturgeschichtlich gesehen, stellt die 1910 geweihte Lutherkirche in Bad Steben eines der großen Highlights nicht nur in Hochfranken, sondern in Bayern und Deutschland dar. War sie doch neben der Garnisonskirche in Ulm das erste aus Eisenbeton gebaute Gotteshaus in Deutschland, das sein Material auch sichtbar zeigte. Die allseits anerkannten Überblickswerke zum deutschen Kirchenbau im 20. Jahrhundert allerdings übergingen schnöde dieses herausragende Gebäude im oberfränkischen Kurort. Vielleicht war sein Architekt, der königlich bayerische Bauassessor Richard Neidhardt, im Gegensatz zu Theodor Fischer, dem Erbauer der Garnisonskirche, nicht berühmt genug. Vielleicht war Steben – zwar gut frequentiertes Staatsbad, den Namenszusatz „Bad“ bekam es erst 1925 – einfach ein zu kleiner, zu unbedeutender, zu entlegener Ort, als dass Bauhistoriker an einem solchen bedeutende Architektur vermuteten. Vielleicht entsprach die äußerst individuelle Raumschöpfung Neidhardts nicht dem Narrativ einer fortschrittlichen, mit allen bekannten Konventionen brechenden und voraussetzungslosen Moderne. Oder schlichter: Vielleicht lag der Grund in der Gestalt der Bad Stebener Gottesburg selbst, die kaum auf ein ikonisches Foto zu bannen war – und ist. Denn schon der Außenbau erweist sich als äußerst vielfältig und nur erfahrbar, wenn man die Kirche umrundet, was wegen des unmittelbar angrenzenden Pfarrhauses sich schwierig gestaltet. Neidhardt spielt mit Material, Farben und Formen, mit Symmetrien und Asymmetrien, Vor- und Rücksprüngen. Er löst das enorme Volumen – das Gebäude fasst 1250 Gläubige im damals gerade 1100 Einwohner zählenden Steben – in eine Vielzahl ineinander verschachtelter Baukörper auf und fügt es auf diese Weise sehr sensibel in den Ortskontext ein. Dass er sich dabei vom Heimatstil inspirieren lässt, dass er regionsspezifische Baustoffe wie Diabas und Schiefer verwendet, spricht für die außerordentliche Begabung des Architekten, dem bei aller beeindruckenden Originalität seines Werks stets auch der Kontext bewusst ist. Den Beton zeigt Neidhardt erst im Inneren seines Gotteshauses. Doch ist es kein Waschbeton der 1960er Jahre, auch kein seidig schmeichelnder Sichtbeton, wie er in späten 1990er Jahren zur Modeerscheinung unter Architektenjungspunden geworden war. Neidhardt ließ die Oberfläche seines Betons mit Stockhammer und Scharriereisen wie ein Steinmetz bearbeiten.

Und ornamentieren und dekorieren. Die Vielgestaltigkeit der äußeren Erscheinung ist nur ein laues Vorspiel zu dem, was Gläubige im Inneren des Gebäudes erwartet. Man kann sich gar nicht sattsehen an immer neuen Formen, Farben und Motiven. Man hat den Eindruck, als ob Neidhardt sich querbeet jedes Stiles, jeder Tradition bemächtigt und anverwandelt hätte, um mit der Freiheit, die ihm das neue Material gibt, eine höchst individuelle Raumschöpfung zu bauen. Byzantinisches, Altägyptisches, Romanisches, Gotik, Barock, immer wieder Jugendstil-Blütenmotive mischt der Architekt mit regionalen Bräuchen wie einer Patronatsloge und den schlanken, lichterfüllten Emporen einer Markgrafenkirche. Auch die sich bugartig in das von einer weitgespannten Rundtonne überfangene Kirchenschiff schwingende Kanzel betont das Protestantische der Kirche – die Verkündigung des Wortes. Auch der Grundriss bleibt traditionell.

Neidhardts Betonkirche, die erst seit 1985 den Namen „Lutherkirche" trägt, stellt eine Pionierleistung dar. Vor allem dann, wenn man sich vergegenwärtigt, dass der Architekt bereits 1908, kurz nach Baubeginn, nach München abkommandiert wurde, wo er im Osten der damaligen Residenzstadt den zweiten Bauabschnitt einer psychiatrischen Anstalt errichten sollte. (Das tat er übrigens ganz ausgezeichnet.) Mit Steben blieb Neidhardt postalisch in Verbindung, im September 1910, keine zwei Jahre nach dem ersten Spatenstich, wurde die Kirche feierlich eingeweiht. Und der Bau blieb unterhalb der veranschlagten Kosten. Dass man heute die Kirche in ihrer ganzen Pracht bewundern kann, ist Ergebnis einer Instandsetzung, die zwischen 1997 und 2004 erfolgte. Weil die Bausubstanz überwiegend erhalten war – nur die kupferne Turmhaube →

wurde kurz vor zu Kriegsende 1918 eingesammelt und durch Schiefer ersetzt –, gab das Staatliche Bauamt Bayreuth „konservierenden Sanierungsmaßnahmen" den Vorzug. Weil der Beton an manchen Stellen das Bewehrungseisen nicht genügend abgedeckt hatte, war es wegen der hohen Luftfeuchtigkeit vielfach korrodiert. Auch von der Luftfeuchtigkeit angegriffene Mosaikbilder im Chor wurden restauriert. Weil ohnehin das Dach neu eingedeckt und der Dachstuhl erneuert, teils auch verstärkt werden musste, gab man dem Turm seine Kupferhaube zurück. Kirchenschiff und Emporen hat man 2016 nochmal eingerüstet und auf Schadstellen untersucht, aber keine größeren Mängel gefunden.

Neidhardt hat experimentiert, hat getestet, hat alle Möglichkeiten ausgelotet. Er versucht, den bis dahin nur für technische Bauten genutzten Beton für die Bauaufgabe Kirche zu gewinnen. Wie er das macht, ist großartig. Die Stebener Kirche ist ein Meisterwerk des Deutschen Kirchenbaus im frühen 20. Jahrhundert – trotz mancher Unzulänglichkeit, die lediglich darauf hinweist, dass dieser eigenwillige Bau ein Werk des Übergangs ist. Wie eine Kirche im 20. Jahrhundert aussehen kann, darauf hat erst die nächste Generation deutscher Kirchenbaumeister wie Otto Bartnig, Dominikus Böhm und Rudolf Schwarz – mithilfe fortschrittlicher Theologen – Antworten gegeben, die über ihre Zeit hinausweisen. Neidhardt und seine Kirche in Bad Steben – beide bedürfen weiterer wissenschaftlicher Aufarbeitung – sind eine wichtige Wegmarke dahin.

Sanierung: 1997–2004, 2016
Standort: Luitpoldstraße 3, 95138 Bad Steben
Bauherr: Freistaat Bayern, vertreten durch das Staatliche Bauamt Bayreuth, Wilhelminenstraße 2, 95444 Bayreuth, in Verbindung mit der Evangelisch-Lutherischen Kirchengemeinde Bad Steben und dem Landeskirchenamt der Evangelisch-Lutherischen Kirche in Bayern
Planung: Staatliches Bauamt Bayreuth, Wilhelminenstraße 2, 95444 Bayreuth

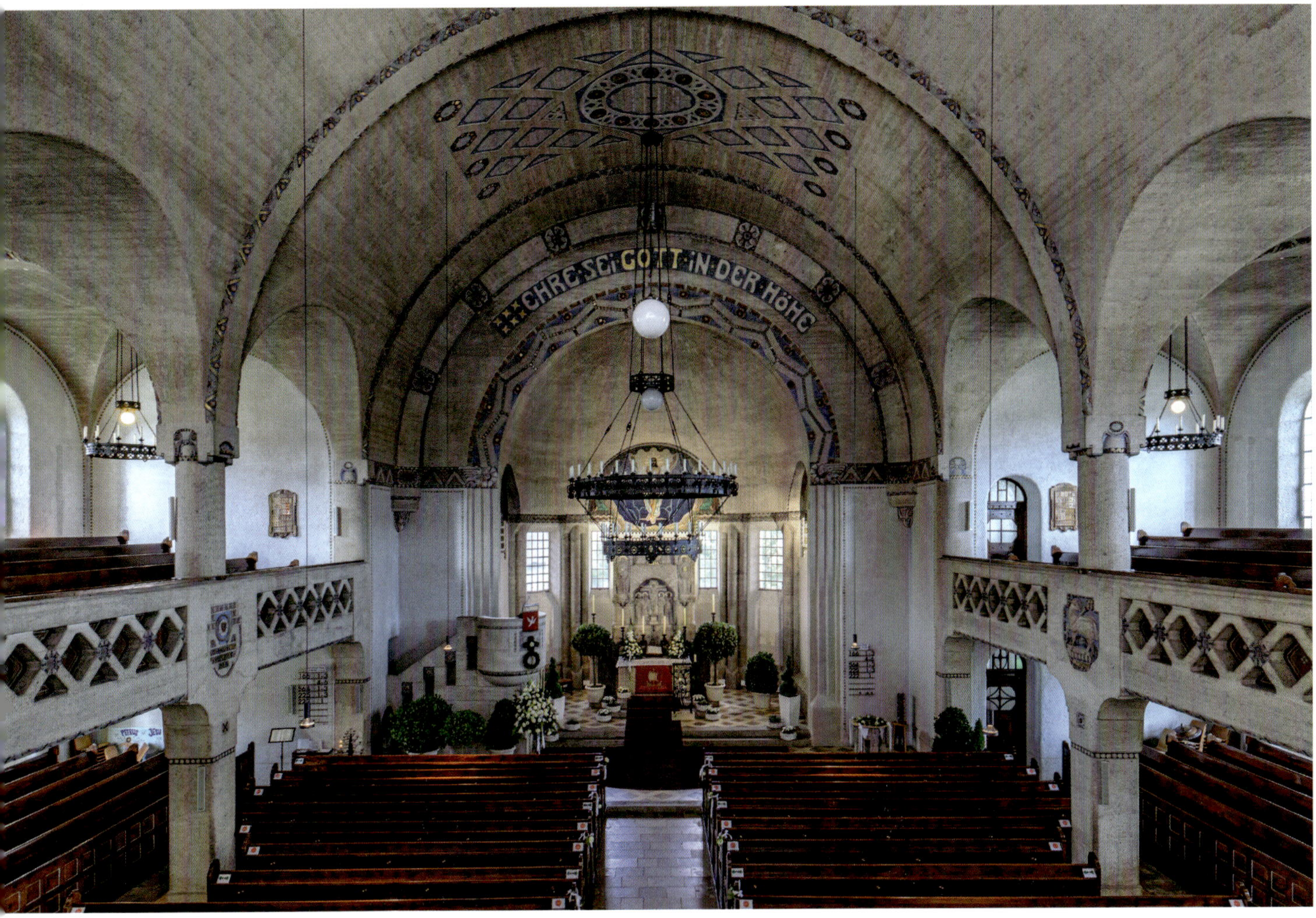
EHRE SEI GOTT IN DER HÖHE

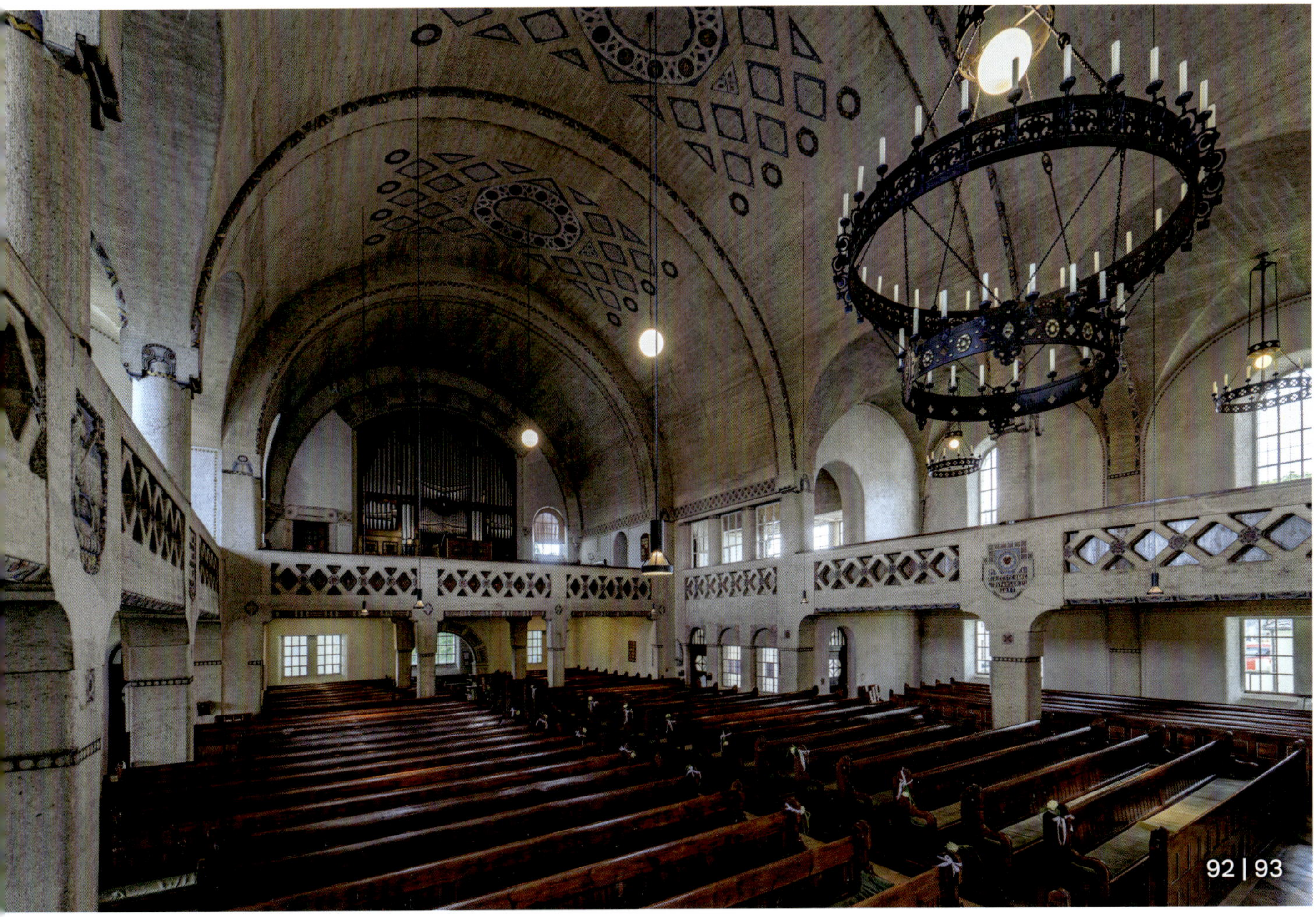

Evangelische Pfarrkirche

Konradsreuth

D2 Mut haben sie bewiesen: „DIE HALLE architekten", der in Konradsreuth geborene Textilkünstler Hanns Herpich, das Staatliche Bauamt Bayreuth, das Bayerische Landesamt für Denkmalpflege sowie die Kirchengemeinde Konradsreuth und die Evangelische Landeskirche, mit denen die Planungen abzustimmen waren. Eine Generalsanierung der aus dem späten 18. Jahrhundert stammenden Pfarrkirche stand an. Konstruktive Mängel mussten beseitigt, die Emporen statisch ertüchtigt, die Haustechnik komplett erneuert werden. Das Dach wurde mit Schiefer neu gedeckt, die Fassaden neu verputzt. All das Norm und Regel. Das Wagnis jedoch war, dass die verantwortlichen Akteure ganz gezielt Vergangenheit, Gegenwart und Zukunft dieses Gotteshauses in ein neues Verhältnis setzen wollten. Nicht düster, streng und ernst, wie die Atmosphäre vorher beschrieben wurde, sondern hell und freundlich wirkt die Kirche jetzt – dazu wurden hellere Putz- und Farbschichten freigelegt und Oberflächen gereinigt, kaum retuschiert, damit Spuren erhalten blieben. Das alte, recht finstere Altarbild hängt jetzt in der Friedhofskapelle, an seiner statt erinnert eine von Herpich entworfene Textilfläche vor LED-Hintergrund an die Webertradition dieses Ortes. Altar und Pult – beides neu, aus transparentem Acryl und nun zur Gemeinde zeigend – werden flankiert von einem restaurierten barocken Taufengel, der jahrzehntelang reparaturbedürftig in der Sakristei stand. Die Zuschlagstoffe für den neuen Terrazzoboden – Granit und Gneis – kommen aus der Region. Schließlich wurden die Außenanlagen überholt, die Schieferschindeln des Turms – bis auf die Haube – entfernt (so, wie er im 19. Jahrhundert war) und die Kirche insgesamt wieder zum Marktplatz geöffnet. Erstaunlicher Mut, der sich im Ergebnis zweifellos gelohnt hat.

Sanierung: 2013–2016
Standort: Marktplatz 7, 95176 Konradsreuth
Bauherr: Freistaat Bayern, vertreten durch das Staatliche Bauamt Bayreuth, Wilhelminenstraße 2, 95444 Bayreuth, in Verbindung mit der Evangelisch-Lutherischen Kirchengemeinde Konradsreuth und dem Landeskirchenamt der Evangelisch-Lutherischen Kirche in Bayern
Planung: DIE HALLE architekten, Schützenstraße 14, 95028 Hof
Künstlerische Altargestaltung: Professor Hanns Herpich, Uhlandstraße 9, 90408 Nürnberg

Stadtkirche St. Peter und Paul

Münchberg

D3 Dieses Grau! Oder besser: dieses Füllhorn an unglaublich vielen Grautönen! Von gleißendem Weiß zu einem hellen Ocker, mal bläulich, mal bräunlich, mal grünlich, vielfach rötlich – je nachdem wie das Sonnenlicht durch die hohen Fenster fällt, was von ihm angestrahlt wird, zu welcher Tageszeit, ob der Himmel bedeckt, wolkig oder strahlend blau ist, verändern sich die Farben in der Münchberger Stadtkirche. Vor allem die unterschiedlichen, aber stets äußerst eleganten Grautöne, in denen die Unterseiten der zweigeschossigen Emporen, deren Brüstungen, die Kanzel samt dekoriertem Schalldeckel und das Chorgestühl seit der bisher letzten Instandsetzung gestrichen sind. Diese wurde nötig, weil das neugotische, 1872 geweihte Gotteshaus – der siebte historisch nachgewiesene Kirchenbau an diesem Standort – Anfang des neuen Jahrhunderts enorme Schäden, sowohl außen auch als innen, aufwies. Bereits 2005 begann die Vorplanung, von 2008 an wurde zunächst die Gebäudehülle – Dach, Sandsteinfassade, Kirchenfenster – saniert, ab 2012 der Innenraum modernisiert. Neben einer technischen Aufrüstung – neue Haustechnik, neue Beleuchtung, Fußbodenheizung, Bankheizung auf den Emporen, Sockeltemperierung in den Wänden, Glaseinhausungen an den Mitteleingängen – legte das Staatliche Bauamt Bayreuth Wert auf eine „zeitgemäße Gestaltung des Innenraums". Dazu gehören ein schöner Granitfußboden in zwei Formaten, bequemere Bänke mit geneigten Rücken- und breiteren Sitzflächen, Medientechnik samt Beamer, Projektionswand und Induktionsschleifen für Hörgeräte sowie ein weiß beschichteter Wandschrank unter der Orgelempore. Und in der Turmhalle zwei leuchtende Plexiglasstreifen von Sonja Weber im Rahmen des Kunstprojekts „12 (W)Orte". Zusammen mit dem gereinigten, sehr filigranen Kreuzrippengewölbe macht die neue Farbfassung die Münchberger Stadtkirche nicht nur zu einem Glaubens-, sondern auch zu einem Augenerlebnis.

Sanierung: 2008–2015
Standort: Kirchplatz 1, 95213 Münchberg
Bauherr: Freistaat Bayern, vertreten durch das Staatliche Bauamt Bayreuth, Wilhelminenstraße 2, 95444 Bayreuth, in Verbindung mit der Evangelisch-Lutherischen Kirchengemeinde Münchberg und dem Landeskirchenamt der Evangelisch-Lutherischen Kirche in Bayern
Planung: Staatliches Bauamt Bayreuth, Wilhelminenstraße 2, 95444 Bayreuth

Evangelische Kirche
Selb-Erkersreuth

D4 „Freiheit für den Guten Hirten“: Mit dieser Schlagzeile brachte die *Frankenpost* die Diskussionen zwischen der Kirchengemeinde Erkersreuth und der Landeskirche in München auf den Punkt. Denn die Gemeinde wollte die dringend notwendige Sanierung der einsturzgefährdeten Kirche dazu nutzen, die Veränderungen eines Umbaus von 1967 wieder rückgängig zu machen. Was in München zunächst auf taube Ohren stieß, bevor man sich nach jahrelangen Verhandlungen auf einen Kompromiss einigen konnte. Die Kirche selbst – ein 1928 realisierter Entwurf von John H. Rosenthal – ist ein Unikat: ein Zeltdachbau auf achteckigem Grundriss im Art-Déco-Stil mit angefügtem Chor und Frontturm. 1967 wurde der Altar in Richtung Gemeinde versetzt und der Chor vermauert – und damit das Altarbild, das Jesus als guten Hirten zeigt, verdeckt. Darüber hinaus wurde eine Kanzel aus Beton installiert und der Mittelgang mit Kirchenbänken versperrt. Diese Maßnahmen stießen nicht auf die Akzeptanz der Kirchengemeinde, sodass 2009 der Kirchenvorstand beschloss, den „Gottesdienst-Raum festlicher und schöner zu gestalten“: Neben der statischen Sicherung – einen Ringanker unterhalb der Traufe hat man einbetoniert, das Traggerüst der Empore erneuert, den Dachstuhl repariert und eingeblecht, einen neuen Glockenstuhl gebaut – wurden die seinerzeitigen Veränderungen rückgängig gemacht. Das Kirchengestühl etwa wurde wieder zersägt und in die ursprüngliche Form mit Mittelgang gebracht, der Altarraum wieder geöffnet. Und der freigelegte gute Hirte wacht wieder über die Gemeinde.

Sanierung: 2011–2014
Standort: Hauptstraße 35, 95100 Selb, Ortsteil Erkersreuth
Bauherrin: Evangelisch-Lutherische Kirchengemeinde Selb-Erkersreuth, Lindenfelsstraße 2, 95100 Selb
Planung: Architekturbüro Hermann Beyer, Dahlienweg 4, 95182 Döhlau
Künstlerische Gestaltung der Prinzipalien: Thierry Boissel, Alsenweg 1, 81929 München

Aussegnungshalle
Marktleuthen

D5 Mit der Aussegnungshalle hat Jakob Schmeißner seinem Heimatort ein großartiges Stück Architektur geschenkt. Der Architekt, in Marktleuthen geboren, in Nürnberg zu Erfolg und Ansehen gekommen, ging bei diesem 1924 fertiggestellten Gebäude stilsicher und souverän mit den Elementen des architektonischen Expressionismus um. Vor allem die Spitzbogen-Arkaden, aber auch die Dreiecksfenster oder der dramatisch eckige Dachreiter ähneln ein wenig Hans Poelzigs wuchtigen Stimmungsarchitekturen für expressionistische Filme wie etwa „Der Golem". Das Blau der mit Sternzeichen und andern Symbolen verzierten Kassettendecke im Innenraum changiert je nach Lichteinfall zwischen Azur- und Nachtblau. Schmeißner inszenierte die Aussegnungshalle, die sich wie ein fast unüberwindbarer Riegel quer in die Gesamtanlage schiebt, als genau definierte Schwelle des Übergangs zwischen dem Reich der Lebendigen und dem der Toten. Der einzige Schönheitsfehler: Die Trauerhalle wurde zu klein, immer häufiger mussten Trauerfeiern wegen Überfüllung im Freien abgehalten werden. Joseph Hörl, den die Gemeinde beauftragte eine Erweiterung zu planen, ist ein kluger Mann und erwies „der gelungenen Architektur" seines Vorgängers großen Respekt: Zwischen Alt- und diesen verlängernden Neubau setzte er in Einvernehmen mit der Denkmalpflege eine gläserne Fuge, verwendete Schmeißners Apsisfenster für die Seitenwände und zeichnete die erwähnte Kassettendecke in abstrahierter Form weiter. Die Friedhofskapelle, die eine halbkreisförmige, mit einem Glasdach belichtete Apsis erhielt, fasst statt ursprünglich 60 nun bis zu 120 Trauernde. Schmeißner wurde einst auf Initiative der Gemeinde Marktleuthen der Ehrentitel „Landesbaurat" verliehen. Will man Pressemeldungen glauben, so sind auch die aktuell politisch Verantwortlichen auf die Erweiterung stolz. Gut so.

Sanierung: 2006–2008
Standort: Humboldtstraße 17, 95168 Marktleuthen
Bauherrin: Gemeinde Marktleuthen, Marktplatz 3, 95168 Marktleuthen
Planung: Joseph Hörl, Lochau 90A, 95704 Pullenreuth

Pfarrhaus

Röslau

D6 Im Zuge eines Wechsels des Pfarrers standen ein paar Schönheitsreparaturen an – eigentlich nur. Doch die nähere Untersuchung des Gebäudes – bei einer Begehung brach sogar der Holzboden im Erdgeschoss an einer Stelle ein – führte zur Entdeckung einer ganzen Reihe von Schäden: echter Hausschwamm, Schädlingsbefall, Schimmelbildung bei verschiedenen Wänden, Fäulnis im Dachstuhl – etwa bei den Auflagern der Balken. Das Pfarrhaus in Röslau, ein 1840 errichteter, zweigeschossiger Walmdachbau mit rundbogigen Türen und Fenstern, musste umfassend saniert werden – völlig unerwartet. Die Planung des Architekten Stefan M. Walther nutzte diese Gelegenheit. Es wurde eine neue Bodenplatte gegossen, es wurden neue Decken gespannt, die Haustechnik installierte man komplett neu – inklusive Fußboden- und Sockelheizung sowie, in Absprache mit dem Landesamt für Denkmalpflege, eine kaum sichtbare Solaranlage auf dem neu verschieferten Dach. Und, sehr schön: Im Erdgeschoss tauchten drei Türgewände aus Granit wieder auf. Die Türzargen wurden so gesetzt, dass dieses „Auftauchen" des Natursteins gleichsam festgehalten ist. Zusätzlich legte man das Türoberlicht frei, auch das vorher etwas dunkle Treppenhaus erhält jetzt mehr Licht. Im Spätsommer 2021 steht in Röslau wieder ein Pfarrerwechsel an – das Pfarrhaus ist sehr gut vorbereitet.

Sanierung: 2011–2014
Standort: Ludwigsfelder Straße 7, 95195 Röslau
Bauherrin: Evangelisch-Lutherische Kirchengemeinde Röslau, Ludwigsfelder Straße 7, 95195 Röslau
Planung: Walther Architekten, Ottostraße 15, 95213 Münchberg

Evang.-Luth. Gesamtkirchenverwaltung
Hof

D7 In ihrer Geschlossenheit kann sich die klassizistische Bebauung, die nach dem großen Brand der Stadt Hof 1820 errichtet wurde, bayernweit einmalig nennen. Unter den biedermeierlichen Ensembles, bei denen die harmonischen Proportionsverhältnisse beeindrucken, stellt der Maxplatz eines der schönsten dar. Der zur Michaeliskirche leicht ansteigende, sich stufenweise verengende Platz hatte freilich am südlichen Abschluss eine hässliche Lücke: Das teilweise denkmalgeschützte Haus am Maxplatz 3 war nicht nur baufällig, sondern auch, nimmt man das Platzensemble zum Maßstab, um ein Geschoss zu niedrig. Bis die Evangelisch-Lutherische Gesamtkirchenverwaltung, die im dreigeschossigen, unmittelbar angrenzenden Eckhaus untergebracht ist, ein Einsehen hatte. Ohnehin auf der Suche nach weiteren Büroflächen, erwarb sie das Nachbarhaus und beauftragte den Architekten Uwe Fickenscher mit dessen Reparatur und Aufstockung. Drei zusätzliche Büroräume sowie ein Durchfahrt zur Garage im Innenhof konnten so geschaffen werden, wobei namentlich die städtebaulichen Überlegungen überzeugen. Obwohl durch das Hauptgebäude erschlossen und von dessen Haustechnik versorgt, geriert sich besagter Bau nach außen als eigenständiges, die Parzellenbreite der Umgebung aufnehmendes Haus mit eigener Fassadengestaltung. Damit werden die Maße und Proportionen des Platzes weitergeführt. Unterstützt wird dieses Unterfangen durch die Rückversetzung des aus Waldstein-Granit bestehenden Torbogens an die Platzfront. Ein Lichtschlitz und ein Stück verkohltes Eichenholz in der Fensterleibung, das an den Stadtbrand von 1823 erinnern soll, setzen einen zeitgenössischen Akzent.

Bauzeit: 2012–2013
Standort: Maxplatz 3, 95028 Hof
Bauherrin: Evang.-Luth. Kirchengemeindeamt Hof, Maxplatz 1, 95028 Hof
Planung: Fickenscher Architektur+, Heiligengrabstraße 13–15, 95028 Hof

Ausfahrt
freihalten!

Gewerbe

Rosenthal

Rosenthal am Rothbühl
Selb

E1 Die Flamingos, die sind nur noch aus Kunststoff. Einst stolzierte eine kleine Kolonie von bis zu neun Exemplaren dieser Spezies auf dem Werksgelände herum. Winters in einem gläsernen, mit Palmen, Kakteen und Wasserbecken ausgestatteten Grünhaus – inmitten aller Fertigungsstraßen. Die übrige Zeit in einer großzügigen Grünfläche mit einem über und über von Schilf bewachsenen Teich, mit Springbrunnen, Büschen und Bäumen, die auch heute noch etwa die Hälfte des Werkshofs ausmacht. Flamingos im Fichtelgebirge, rosarote Exotik im Städtchen Selb – das war die Krone. Die Krönung aller Bemühungen von Philip Rosenthal, des Kunstkenners, PR-Genies und Visionärs, in eben diesem ein Vorzeigeunternehmen zu etablieren. Rosenthal sollte keine angestaubte Porzellanfabrik sein, Rosenthal sollte ein international renommiertes Unternehmen für Tisch- und Möbelkultur, ja für Lifestyle sein.

Ein Unternehmen, das Kunst- und Designikonen wie Salvador Dali und Andy Warhol, Raymond Loewy und Wilhelm Wagenfeld beschäftigte. Ein Unternehmen, das Glanz und Glamour nach Selb brachte. Ein Unternehmen aber auch, das Kultur nicht nur publikumsheischend predigte, sondern auch nach innen verwirklichte. Das weder Arbeiter noch Angestellte, sondern nur Mitarbeiter kannte. Das diese am Unternehmenskapital beteiligte, das diesen über die betriebliche Vermögensbildung Mitbestimmungsrechte einräumte. Das sich um deren Bildung kümmerte. „Humanisierung der Arbeitswelt" nannte sich das Prestigeprojekt der sozialdemokratischen Reformära in den 1970er Jahren. Philip Rosenthal, der 1969 der SPD beitrat, im gleichen Jahr Bundestagsabgeordneter und 1970 parlamentarischer Staatssekretär in Karl Schillers Wirtschaftsministerium wurde, hatte vieles davon bereits im eigenen Unternehmen verwirklicht. Seine Formel lautete: „Demokratisierung der Wirtschaft durch Beteiligung der Arbeitnehmer am Haben und Sagen." Wie ewig scheint das her zu sein.
Und dann Walter Gropius. Der Bauhausgründer, der ins Exil flüchten musste, nun Professor an der Harvard University, aber seine erste bedeutende architektonische Arbeit, die gleich richtungsweisend in den später sogenannten

International Style einging, war die Gestaltung einer Fabrik – die des Schuhleistenherstellers Fagus in Alfeld an der Leine im Jahre 1911. Gut 50 Jahre später fürchtete Rosenthal, Gropius würde den Auftrag für den Entwurf eines Werks in Selb ablehnen, doch dieser, so wird erzählt, nahm sofort an. Gropius' Projektleiter war Alex Cvijanovic, auf Seiten von Rosenthal war der technische Vorstand Reinhold Lerch für den Bau der neuen Produktionsanlagen am Rothbühl und später in Amberg verantwortlich. Kennzeichnend für das neue Werk sollte die Umstellung von mehrstöckigen Rundöfen – wie sie exemplarisch in der zum Museum Porzellanikon umgebauten ehemaligen Zeidlerschen Porzellanfabrik zu sehen sind – auf die ebenerdigen Tunnelöfen sein.

Gropius, Cvijanovic und The Architects Collaborative, die 1969 noch ein Geschirr entwarfen, schufen in Kooperation mit der Rosenthal-Planungsabteilung eine fein abgestimmte Komposition, die alle Baukörper zu einem funktional wie räumlich überzeugenden Zusammenhang austarierte. Es dominiert die Horizontale, die von einigen vertikalen Höhepunkten – das dreigeschossige Massenmühlen-Gebäude mit Firmensignet und Uhr, die pittoresken Scherbensilos und natürlich das weithin sichtbare Schmetterlingsdach am Eingang – aufgelockert wird. Insgesamt baute man eine Nutzfläche von 28 100 Quadratmetern, wobei die zurückgesetzte, extrem gestreckte Werkhalle Fassaden mit einer Länge von bis zu 240 Metern aufweist. Während die *Süddeutsche Zeitung* das neue Werk als „Muster an Leichtigkeit, an Eleganz und an Klarheit" pries, lobte *Die Zeit* die „mühelose Beherrschung von Material und Gewicht" sowie die „zeitgemäße, in gewisser Hinsicht zeitlose, solide, durchdachte, ästhetisch einwandfreie, funktionierende, kurz: gute Architektur". Entscheidend für die vergleichsweise kurze Bauzeit war der „Gropius-Hammer": ein vorgefertigter Stützpfeiler mit hammerartigem Kopf, dessen Seiten so eingekerbt sind, dass die Dachträger einfach aufgelegt werden konnten.

Schließlich das Feierabendhaus. In ihm wurde nicht nur gegessen, sondern auch in der kleinen Bibliothek gelesen, in einem kleinen Sportraum etwa Tischtennis gespielt, im großen, mit Holz verkleideten Saal im auskragenden Obergeschoss Musik gehört – etwa das berühmte Konzert mit Louis Armstrong an Silvester 1969 – sowie Kino und Theater geguckt. Im Feierabendhaus wurde natürlich – wie der Name sagt – auch gefeiert, →

es fungierte als bedeutender Veranstaltungsort in der Region. Das Imperfekt deutet es an: Zwar wird das Feierabendhaus auch heute noch für private Feiern – runde Geburtstage oder Hochzeiten beispielsweise – vermietet, doch die große Zeit ist vorbei. Es liegt eine tiefe Melancholie über Rothbühl – was selbstverständlich mit den schweren Fährnissen der Firma Rosenthal zusammenhängt. Die drückende Konkurrenz im Osten Europas und in Asien, das Aufgehen Rosenthals im irisch-britischen Waterford-Wedgwood-Konzern, dann Insolvenz, schließlich Verkauf 2009 an den Sambonet-Paderno-Konzern – von einst 600 Mitarbeitern verlieren sich heute noch gerade 90 in den weiten Hallen am Rothbühl. Sie stellen vor allem handgefertigte Porzellanprodukte und Spezialanfertigungen her – und das, will man den norditalienischen Eignern glauben, mit stabilen Zukunftsaussichten.

Dazu trägt auch die Architektur bei. Seit 2010 ist das Gebäude denkmalgeschützt, aber Gropius baute kein Denkmal, sondern ein Industriewerk, das sich äußerst flexibel den Veränderungen in der Produktion anpassen kann. Das immer wieder umgebaut wurde – schon kurz nach der Fertigstellung beispielsweise, als das Vordach, unter dem Personaleingang, Rohstoff-Anlieferung und Warenausgang angeordnet waren, einer Halle wich, die größere Lagerkapazitäten bereithält. Die größte Transformation ist das computerisierte Hochregallager, das seit der Jahrtausendwende das Rückgrat der Produktion bildet. Seit 2015 befindet sich im nördlichen Teil der Halle die Dekordruckerei. Es gibt seit dieser Zeit auch eine komplette neue Klimatisierung und ein Blockheizkraftwerk. Lichtkuppeln ersetzten inzwischen – bis auf eine Musterreihe – die alten Sheddächer mit ihrer filigranen Mechanik. 2017 wurde ebenso in Absprache mit dem Landesamt für Denkmalpflege das Grünhaus saniert. Das gläserne Oktogon erhielt ein neues Glaskuppeldach. Dank einer ebenfalls runderneuerten Elektro- und Wasserinstallation kann die Bewässerung der Pflanzen nun automatisch erfolgen. In dem gut 55 Quadratmeter großen Areal leben nun vier Wasserschildkröten. Und das Federvieh? Die zwei, drei letzten lebenden Flamingos am Rothbühl wurden 2016 gesichtet, dann, befürchtet man, holte sie der Fuchs. Aber die aus Plastik, die jetzt den Teich säumen, die sind auch schön bunt.

Standort: Geheimrat-Rosenthal-Straße 71, 95100 Selb
Bauherrin: Rosenthal GmbH, Philip-Rosenthal-Platz 1, 95100 Selb
Planung: Bauabteilung Rosenthal, Philip-Rosenthal-Platz 1, 95100 Selb

Winkelmühle
Marktredwitz

E2 Sie wurde zum „wichtigsten profanen Bauwerk von Marktredwitz“ hochgejazzt. Zu Baubeginn war sie „Sorgenkind der Denkmalpflege“, am Ende ein „Schmuckstück für die Stadt“: Die Winkelmühle – zum ersten Mal 1590 genannt, im 18. Jahrhundert erheblich an- und umgebaut – erlebte eine wechselvolle Geschichte. Als die Stadt 1988 das Gebäude kaufte, war es eine einsturzgefährdete Ruine. Doch qua Stadtratsbeschluss sollte es erhalten, einer sinnvollen Nutzung zugeführt werden und als kraftvolles Element im neugeordneten Winkelmarkt dienen. So hat man dann das Haus gleichsam trockengelegt und mit neuen Fundamenten unterfangen, viele Mauern und Decken erneuert, das Dach repariert. Im Rückblick ist dem Gebäude anzusehen, dass die Postmoderne zum Zeitpunkt der Planungen noch eine große Rolle spielte: Farben – etwa das Violett der Türen und Zargen –, Formen – die Geländerpfosten erinnern an Helmut Jahns Hochhäuser – oder die fast spolienhafte Zurschaustellung wiedergefundener Bauteile zeigen deutliche Spuren dieser Architekturepoche. Davon unabhängig: Knapp 30 Jahre nach Ende der Arbeiten ist das Restaurant im Erdgeschoss mit restaurierten Gewölben und neu geschaffenem Wintergarten gut besucht, und mehrere Abteilungen der Marktredwitzer Stadtentwicklungs- und Wohnungsbaugesellschaft arbeiten erfolgreich in den Obergeschossen. Vielleicht nicht das wichtigste Bauwerk der Stadt, aber ein schönes.

Sanierung: 1991–1993
Standort: Im Winkel 2, 95615 Marktredwitz
Bauherrin: Stadt Marktredwitz, Egerstraße 2, 95615 Marktredwitz
Planung: Barbara und Reiner Bauernschmitt, Bamberg

Villa Weiss

Helmbrechts

E3 Wohnstallhaus um 1680, 200 Jahre später zur hochherrschaftlichen Villa umgebaut, heute elegantes Boutique-Hotel mit ambitioniert-urbanem Angebot: Die Villa Weiss in Helmbrechts hat nicht nur eine bewegte Geschichte hinter sich, sie will auch weiter was bewegen. Ihr Name geht auf Christoph Friedrich Weiss zurück, einen der großen Textilunternehmer der Stadt, der das Anwesen zu seinem repräsentativen Wohnhaus im neoklassizistischen Stil machte und und es 1920 als Hochzeitsgabe seiner Tochter vermachte. Daniela Haslberger kaufte 2014 das lange leer stehende, zuletzt als Mietshaus genutzte Gebäude, um es zum „Haus der Musik" umzugestalten. Prächtigster Raum des Gebäudes ist das getäfelte, mit einem Flügel ausgestattete „Hochzeitszimmer", in dem Konzerte, aber auch stilvolle Empfänge stattfinden. Das Hotel präsentiert sich als spannender Mix aus Alt und Neu, wobei neue Zutaten nicht Kopien, sondern Weiterentwicklungen alter Elemente sind. „In jedem Winkel ist Architektur", sagt Bernd Hüttner, der für das Umbaukonzept verantwortlich war. Die Villa Weiss versteht sich nicht nur als Herberge für Geschäftsleute und Touristen, sondern als klassische erste Adresse, in der sich die Bürgerschaft der Stadt selbst feiert. Mit Konzerten, Soireen, Workshops und Musikwochenenden öffnet sie sich der Öffentlichkeit und Musikinteressierten, etwa Ensembles, von weit her. Entsprechende Räumlichkeiten – Seminar- und sogar schallisolierte Proberäume – können angemietet werden. In besagtem Hochzeitszimmer werden Paare von Standesbeamten der Kommune getraut. Das stadtbildprägende Gebäude, das an das textile Erbe der Stadt erinnert, ist im übertragenen Sinne richtig städtisch.

Sanierung: 2015–2017
Standort: Luitpoldstraße 10, 95233 Helmbrechts
Bauherrin: Daniela Haslberger, Leitersdorf 3, 84072 Au i. d. Hallertau
Planung: Hüttner Architekten, Brauhausstraße 12, 95192 Lichtenberg

Optikgeschäft

Wunsiedel

E4 Die Jury der Bayerischen Denkmalschutzmedaille sprach von einer „beispielgebenden Leistung“. Und: „Nicht überall, wo heute der ursprüngliche Zustand wieder ablesbar ist, war dies auch vor der Instandsetzung der Fall. An einigen Stellen konnten zusätzliche historische Befunde freigelegt oder wieder ergänzt und damit die geschichtliche Aussage des Denkmals vertieft werden.“ Das preisgekrönte Gebäude war einst ein Wohnhaus – zweigeschossig, traufständig, biedermeierlich und wurde um 1835 nach dem Wunsiedler Stadtbrand errichtet. Es stand jahrelang leer, bevor es Tanja Rieß erwarb, für die Innenarchitektin Sabine Unglaub den Umbau in ein Optikgeschäft samt Werkstatt plante. Auffallendste Veränderung an der nun braunrot gestrichenen Fassade sind neben der Barrierefreiheit bietenden, aber reversiblen Rampe die abgesenkten Brüstungen, um mehr Licht und Ausstellungsfläche zu gewinnen. Wichtigste Veränderung im Erdgeschoss ist ein vergrößerter Verkaufsraum – eine Wand wurde entfernt. Spannend und ästhetisch ansprechend sind die vielfach freigelegten historischen Materialien, die effektvoll in Kontrast zu neuen, mit einem Lichtstreifen abgesetzten Zutaten gesetzt werden: Brillen – industriell gefertigte Präzisionsinstrumente – passen perfekt zu rauen Granitgewänden. Der organisch geformte Tresen ergänzt sich überraschend gut mit dem rostigen Raster ehemaliger Bewehrungseisen auf dem wiedergefundenen Natursteinboden. Das Stäbchenparkett gibt einen idealen Hintergrund für das aufgearbeitete filigran-florale Treppengeländer. Ein beispielgebender Umbau, zu Recht preisgekrönt.

Auszeichnung: Bayerische Denkmalschutzmedaille 2018
Sanierung: 2015
Standort: Theresienstraße 9, 95632 Wunsiedel
Bauherrin: Tanja Rieß, Theresienstraße 9, 95632 Wunsiedel
Planung: Ingenieurbüro Sabine Unglaub, Hofer Straße 13, 95632 Wunsiedel

Kontorgebäude
Marktredwitz

E5 Zwei Tresore haben sie gefunden. Der eine war leer, erzählen Thomas und Simone Sticht. Der andere ist noch immer verschlossen. Doch anstatt ihn mit Gewalt öffnen zu lassen, darf der Tresor seine Geheimnisse bewahren und beflügelt seither die Fantasie der Betrachter. Diese beiden Relikte sind freilich eher eine Art Kollateralkuriosum einer sehr aufwendigen, disziplinierten und detailverliebten Auseinandersetzung mit dem etwa 1880 fertiggestellten, zweigeschossigen Satteldachbau im Marktredwitzer Stadtteil Dörflas. Ehemals fungierte er als Kontorgebäude der Buntweberei Benker, ursprünglich frei stehend und im Laufe der Jahre mit mehreren Fabrikgebäuden angebaut. Die Bauherren erwarben den Bau im Jahre 2014, wobei er sich in desolatem Zustand befand und zwei große Wasserschäden zu verzeichnen waren. Sie erkannten dennoch das Potenzial des mittlerweile wieder frei gestellten Gebäudes. Bei der Spurensuche nach Plänen, Dokumenten und historischen Fotos wurden sie nur teilweise fündig, die Untersuchungen im Gebäude waren dagegen erfolgreicher. So fand sich unter dem Nadelfilz, mit dem die Böden im Obergeschoss und der Treppe beklebt waren, ein fast vollständig erhaltenes Buchen- bzw. Eichenparkett. Diese wurden zusammen mit den anderen, teilweise überpinselten Ausstattungsgegenständen wie Türgriffe, Doppeltüren, Wandschränke, Glaszwischenwände, Reste von Deckenmalereien und Zementfliesen aufbereitet, wenn nötig repariert oder ergänzt. Decken- und Wandleuchten wurden wiederverwendet und mit energiesparenden LEDs ausgestattet. Die Fassade ist als Schnittstelle zwischen Neu und Alt konzipiert: Die Konturen der abgebrochenen Anbauten sind als Flächen mit glattem Putz und bündigen Verglasungen deutlich ablesbar. Bei den Fassadenflächen, welche nicht durch Anbauten verdeckt waren, wurden der Bestandsputz als grober Kellenwurf sowie die Originalfenster saniert. Herausgekommen ist ein Schmuckstück – völlig unabhängig davon, welcher Schatz sich im zweiten Tresor noch verbirgt.

Sanierung: 2014–2015
Standort: Dörflaser Platz 1, 95615 Marktredwitz
Bauherren: Simone und Thomas Sticht, Dörflaser Platz 1, 95615 Marktredwitz
Planung: Architekturbüro Sticht, Dörflaser Platz 1, 95615 Marktredwitz

Architekturbüro

Marktredwitz

E6 Wenn man es nicht wüsste, es würde einem sofort klar werden: Aus der Scheunenreihe in der Marktredwitzer Egerstraße sticht das Architekturbüro von Peter Hilgarth mit der Hausnummer 44 sofort heraus. Nicht weil es in einer schreienden Farbe gestrichen worden wäre, nicht weil effektvolle Kontraste um Aufmerksamkeit gierten, nicht weil große Aufschriften vom Gebäudezweck kündeten. Sondern genau durch das Gegenteil: Der ehemalige Stadel hebt sich durch seine minimalistische Zurückhaltung, durch die kluge Reduktion auf die Charakteristika der verwendeten Materialien und die klare Gestaltung ab. Rahmenlose Fenster und bündige Glaslamellen im Dach inklusive. Hilgarth erhielt an dem lange leer stehenden, nach dem Stadtbrand von 1822 errichteten Stadel das, was zu erhalten war: die profilierten Granitgewände, die innere Holzkonstruktion, den früheren, nun verglasten Schacht des Lastenaufzuges, der alle Etagen verbindet. Hilgarth behob konstruktive Mängel und sicherte das an einer steilen Hangkante gelegene Gebäude mit Abspannungen und Betonwiderlagern statisch. Die neuen Zutaten – die elegante Stahltreppe etwa, großformatige Holzmehrschichtplatten für die Decken oder der Industrie-Estrich für den Boden – sind dem Gebäude mustergültig angepasst. Den Spitzboden unter dem neugedeckten Dach baute der Architekt zu seinem Atelier um, das mit den eingangs erwähnten Lamellen wunderbar belichtet wird. Ein historisches Gebäude als Statement für zeitgenössische Architektur und Werbeträger für das eigene Tun – das ist schon ziemlich gut.

Sanierung: 2014–2015
Standort: Egerstraße 44, 95615 Marktredwitz
Bauherr: Peter Hilgarth, Egerstraße 44, 95615 Marktredwitz
Planung: HILGARTH | Architekten-Stadtplaner-Ingenieure, Egerstraße 44, 95615 Marktredwitz

Ärztehaus mit Apotheke

Hof

E7 Fein gezeichnet, in Pastellfarben auf weißem oder beigem Grund: In den 1950er Jahren entstandene, gleichermaßen akkurate wie liebevolle Abbildungen von Heilkräutern zieren Gewölbekappen und Gurtbögen der Hofer von-Rücker-Apotheke. Gemeinsam mit den dunklen Holzschränken schaffen sie, effektvoll inszeniert, eine Atmosphäre, in der man sich wie selbstverständlich aufgehoben fühlt. Die Apotheke wurde einfühlsam saniert und darüber hinaus ein spannender Blickbezug zur „Receptur" geschaffen. Die Modernisierung des Ladengeschäftes war nur ein Teil eines größeren Umbaus, mit dem das um 1825 errichtete Gebäude von einem Wohnhaus, in dem der heutige Eigentümer aufgewachsen ist, in ein Ärztehaus umgewandelt wurde. Die räumliche Struktur des Baus, der mit seiner Schmalseite und dem Apothekeneingang auf die belebte Ludwigstraße zeigt und mit der ausgedehnten Breitseite an der stillen Bürgerstraße liegt, hat sich nicht geändert. Doch wurde beispielsweise zwischen erster und zweiter Etage eine Holzbeton-Verbunddecke mit erhöhter Tragkraft eingezogen: Sie garantiert der im zweiten Geschoss praktizierenden Augenärztin Vibrationsfreiheit, die sie für Operationen mit dem Lasergerät benötigt. Eine Spannbetondecke sichert der Praxis im komplett erneuerten Dachgeschoss Stützenfreiheit, während ein gläserner Aufzug – oben mit Panoramablick – für Barrierefreiheit sorgt. Ein stimmiges, auch ästhetisch ansprechendes Gebäude. Schade, dass die Apotheke mit den schönen Zeichnungen derzeit geschlossen ist.

Auszeichnungen: Fassadenpreis der Stadt Hof 2002
Sanierung und Umbau: 2000–2005 in mehreren Abschnitten
Standort: Bürgerstraße 2, 95028 Hof
Bauherr: Jörg von Rücker, Eppenreuther Straße 28, 95032 Hof
Planung: DIE HALLE architekten, Schützenstraße 14, 95028 Hof

APOTHEKE
30
ZONE

Münch-Ferber-Villa
Hof

E8 Im „jämmerlichsten Zustand“ sei sie gewesen. Peter Brückner ist kein Mann der Superlative. Falls er dann doch einen verwendet, muss ihm etwas nahegehen – so wie die Münch-Ferber-Villa in Hof. Er präsentiert in schneller Folge Fotos aus dem April 2007, die besagtes Gebäude vor der Sanierung zeigen. Oder das, was Witterung, Hausschwamm und Feuchtigkeit, frühere Eigentümer, Benutzer sowie mutwillige Zerstörung davon übrig ließen. Der 1890 fertiggestellte Prunkbau im „florentinischen Stil“, den sich Walter Münch-Ferber, Direktor der Vogtländischen Baumwollspinnerei, vom renommierten Leipziger Architekten Carl Weichardt entwerfen ließ, ist die letzte, größte und bedeutendste der Hofer Fabrikantenvillen des 19. Jahrhunderts. Dass sie erhalten blieb, ist dem Kulturkreis Hof zu verdanken. Auch wenn sich dessen ursprünglicher Plan, das Gebäude zu einer „Villa Europa“ mit Kulturzentrum umzubauen, wegen fehlender Finanzierbarkeit zerschlagen hatte, so brachte die Initiative mit zahlreichen Veranstaltungen etwa zehn Prozent der zur Sanierung benötigten Gelder auf. Damit übernahm der Kulturkreis den Anteil, den sonst die Stadt Hof hätte tragen müssen. Zum 90-prozentigen Rest trugen Städtebauförderung, Denkmalbehörde und Oberfranken-Stiftung bei. „Gerettet“, so Peter Brückner, haben die Architekten mit außerordentlich sorgfältiger Detailarbeit, was zu retten war: die reich gegliederten Fassaden, das ebenso ausladende wie filigrane Metall-Glas-Vordach, die zentrale Treppenhalle mit dunkler Eichentreppe sowie mehrmals das immer wieder abgewandelte Palladio-Motiv. Dazu wurde ein für das Nutzungskonzept erforderlicher Veranstaltungssaal in einen sehr zurückhaltenden, dunkel verkleideten Pavillon am Rande des Grundstücks ausgelagert. „Jämmerlich“ – mit oder ohne Superlativ – steht das Gebäude schon lange nicht mehr da. Es ist ein Schmuckstück in Hof – sowohl im ästhetischen wie auch im kulturhistorischen Sinne –, zu dem die Stadt selbst freilich wenig beigetragen hat. Im Juli 2012 wurde die Villa dem „Forum Gesundheit“ als Betreiber übergeben. Und die Hofer nutzen sie: Allein 2019 kamen mehr als 3000 Menschen in die sanierte Villa, um mehr als 500 Veranstaltungen zu besuchen.

Sanierung: 2010–2012
Standort: Münch-Ferber-Straße 1, 95028 Hof
Bauherrin: Stadt Hof, Klosterstraße 1, 95028 Hof
Planung: Brückner & Brückner Architekten, Franz-Böhm-Gasse 2, 95643 Tirschenreuth

Altes Kurhaus und Alexbad

Bad Alexandersbad

E9 „Der Preis ist eine große Ehre – aber auch verdient, weil hier ein ganzer Ort mit seinen 1000 Einwohnern wirklich zwölf Jahre geackert hat." Das sagt der Landrat des Landkreises Wunsiedel im Fichtelgebirge, Peter Berek, ganz selbstbewusst zur Auszeichnung der Gemeinde Bad Alexandersbad mit dem Staatspreis Land- und Dorfentwicklung 2020. Das Ziel dieser Entwicklung sei gewesen, so Berek, „den ältesten Kurort Oberfrankens wachzuküssen – in jeder Beziehung: sowohl baulich als auch darüber hinaus". Wobei es entscheidend war, dass „alle zusammengewirkt haben". Uneinigkeit freilich herrscht noch über die Rolle Bereks, der von 2008 bis 2020 Bürgermeister eben dieser Gemeinde war und wohl auch wegen seiner Verdienste um deren Entwicklung zum Landrat gewählt wurde. Während es in der Urkunde zum Staatspreis heißt: „Mit einem innovativen Bürgermeister an der Spitze begann die Dorferneuerung, die Bad Alexandersbad das zurückgab, was über Jahre verloren ging." Er selbst dagegen sagt, er sei das „leidenschaftliche Herz" und eine „immer wieder helfende Hand" gewesen.

Zum besseren Verständnis des Ortes, seiner Einwohner und auch der Rolle der Bauwerke muss man eineinhalb Dekaden zurückgehen. Die Gesundheitsreformen vor allem der 1990er Jahre hatten den ein, zwei Dekaden zuvor noch florierenden Kurort, der einst knapp 200 000 Gäste pro Jahr verzeichnen konnte, der mehr Arbeitsplätze als Einwohner hatte, nahezu ruiniert. Keine Gäste, keine Kuren, entsprechende Betriebsaufgaben, entsprechender Abbau von Arbeitsplätzen, Leerstände, eine hohe Pro-Kopf-Verschuldung – ein Niedergang, der sich auch in die Seelen fraß. 2006 hatte das Büro von Peter Kuchenreuther bereits eine „Vorbereitende Untersuchung" (VU) erarbeitet, zwei Jahre dann den „Dorferneuerung" genannten Beteiligungs- und Zielformulierungsprozess in Bad Alexandersbad moderiert. Berek dazu: „Die Dorferneuerung ist eine tolle Bürgerwerkstatt, in der man seinen Ort richtig anschaut und Stärken und Schwächen gemeinsam identifiziert. Ich kann mich sehr gut an 2008, an das Startseminar, erinnern: Die Pinnwand mit den Schwächen hat sich ganz schnell gefüllt. Bei den Stärken war's dagegen sehr zögerlich. Wenn wir das Gleiche heute (2021) machen würden, dann wäre es exakt umgekehrt."

Dieser Stimmungsumschwung ist auf das von Berek erwähnte „gemeinsame Ackern" zurückzuführen: Man hat die Geschichte des Ortes abgeklopft, ist aber nicht in der Vergangenheit stehengeblieben, sondern hat Mut bewiesen und die vorhandenen, manchmal verschütteten Qualitäten mit neuen Ideen, Techniken und Angeboten verbunden, um zumindest mittelfristig für die Zukunft gewappnet zu sein. 2008 beschloss der Gemeinderat den Masterplan „Bad Alexandersbad 2020". Neben der Umstellung der ganzen Gemeinde auf erneuerbare Energien ist das sichtbarste Zeichen dieser kollektiven Neuerfindung die Gestaltung der Ortsmitte. Zwei 70er Jahre-Bauten wurden abgerissen: das alte, so Berek, „innen abgewirtschaftete" Kurmittelhaus und das zehngeschossige, den Maßstab des kleinen Ortes sprengende „Kur- und Sporthotel", das einer dringenden energetischen und haustechnischen, aber in keiner Weise rentierlichen Sanierung harrte.

Zwei historische Bauten dagegen hat die Gemeinde saniert: das auf Weisung des Markgrafen Alexander 1783 von Hofbaumeister Johann Gottlieb Riedel zur Unterbringung von Badegästen errichtete, frühklassizistische Gebäude mit Mittelrisalit und zwei niedrigeren Seitenflügeln. Das sogenannte Markgräfliche Schloss (das keinem Fürsten zu längerem Aufenthalt diente, also nie „Schloss" war) diente wie sein städtebauliches Gegenüber, das Alte Kurhaus, dem Ort vor allem in jüngerer Zeit als Raumreserve. 1838 hat man letzteres gebaut – im selben Jahr, als in Alexandersbad die erste Kaltwasserheilanstalt Bayerns gegründet wurde. Der dreigeschossige Walmdachbau mit seinen beiden Flügeln und dem prominenten Säulenportal fungierte in beiden Weltkriegen als Lazarett bzw. Flüchtlingsunterkunft, dann – vom Deutschen Orden erworben – als Altersheim und wurde 1994 von der Gemeinde gekauft. Sie sanierte das Multifunktionsgebäude und öffnete es für Nutzungen von Bürgern und Vereinen: Die Gemeindebibliothek wurde dort untergebracht, ein Billardzimmer, eine Töpferwerkstatt, eine Dunkelkammer für den Fotoclub. Einen Gebäudeteil vermietete die Gemeinde als Lager für ein Kosmetikunternehmen. Den festlichen Königin-Luise-Saal, in dem etwa große Empfänge stattfinden, kann man auch privat mieten. Darüber hinaus befinden sich Praxen für Ergotherapie, Physio- und Psychotherapie sowie für eine Heilpraktikerin und die Gemeinde- und die Verwaltung des neuen Alexbades im Alten Kurhaus. Und im Dachgeschoss gibt's ein paar Ferienwohnungen – teils im privaten, teils im Gemeindebesitz.

„Die Kur ist tot – es lebe die Kur": Unter diesem Motto steht die Neuerfindung Bad Alexandersbads. Es geht um Entspannen, Körper und Seele reinigen, Kraft tanken, um Vorsorge und →

Prävention. Also um das, was einst eine Kur ausmachte – vor dem Massenbetrieb. Zentraler Baustein ist das Alexbad, das die Architekten Brückner & Brückner an die Stelle des alten Kurmittelhauses setzten. Die Architektur ist durch und durch individuell, sie ist anspruchsvoll, beziehungs- und anspielungsreich. Sie ist getragen von der Verbindung mit dem Ort und dem stolzen Wunsch, dem Gast ein emotionales Erlebnis zu bieten – und schert sich dabei keinen Deut um einen Massengeschmack. Die Architektur gibt sich nach außen – bis auf die sogenannte „gläserne Mitte", die Alexbad mit Altem Kurhaus verbindet – hermetisch und verschlossen, offenbart aber im Inneren stimmige Materialien und warme Farben, viel (Sonnen-)Licht und gerahmte Aussichten zu den Wäldern und Gipfeln des Fichtelgebirges. Sie bietet gleichzeitig Introversion und Offenheit, Enge und Weite, Schatten und Helligkeit, Feuer und Eis, die Geborgenheit von höhlenartigen Räumen und ein Panoramabad unter freiem Himmel. Und das bei größtmöglicher Sorgfalt und Liebe zum Detail.

Dass das abstrahierte Bild, das die Fassade zitiert – verwitterte Granitwollsäcke, zwischen denen Wasser hindurchschießt –, nicht jeder verstehen mag: Sei's drum. Wer sich auf das Bad einlässt, den erwartet ein nicht nur emotionales, sondern auch ästhetisches und sinnliches Erlebnis. Das Alexbad ist gleichzeitig Speerspitze und Symbol für das „neue" Bad Alexandersbad: Das wie eine noble Schatulle wirkende Gebäude und seine Angebote stehen für ein kleines, aber sehr feines Heilbad. Klasse statt Masse. Und: Das Heilbad kann inzwischen mit einem zweiten Thema punkten – mit der Osteopathie. Seit 2010 praktiziert Georg Schöner, Vorsitzender des Bundesverbandes Osteopathie (BVO), in Bad Alexandersbad. Die früher bei München angesiedelte BVO-Geschäftsstelle residiert wie auch die Freie Akademie für Osteopathie (FAFO) im Ort – seit einiger Zeit im Markgräflichen Schloss. Altbürgermeister Berek spricht vom „Ostheopathen-Campus" und meint damit nicht nur das herrschaftliche, von der Gemeinde bis 2015 sanierte Gebäude, sondern auch die 2017 revitalisierten „Schlossterrassen" und den 2019 eröffneten „Alexanderplatz". Beides geplant von Geskes.Hack, einem zu Recht preisgekrönten Berliner Büro für Landschaftsarchitektur. So öffnet sich zwischen Schloss und Altem Kurhaus bzw. Alexbad eine sorgsam gegliederte Landschaft öffentlicher Räume mit differenzierter Bepflanzung, vielen Sitzgelegenheiten und einer spiegelnden Brunnenfläche zum Spielen, Planschen und Abkühlen. Der Raum zwischen den Gebäuden ist als ein Raum gedacht, in dem man sich gerne aufhalten kann. Und das tun die Leute – Bad Alexandersbader, Gäste und natürlich Ostheopat-

hen – auch wirklich. Ein großzügig grünes Wohnzimmer unter freiem Himmel.

Wobei die Ostheopathie nun im Heilbad ein neues Kapitel schreibt – aber zunächst im alten Kurhaus. Dort soll ein interdisziplinäres Therapie- und Reha-Zentrum für Kinder mit dem Schwerpunkt Osteopathie entstehen. Auch an Krebs erkrankte Kinder sowie Kinder mit neurologischen Erkrankungen sollen dort behandelt werden. Auftrag- und Ideengeber ist die Bertold-und-Brigitte-Hollering-Stiftung, die für dieses ehrgeizige Vorhaben selbst Räume im alten Kurhaus angemietet hat. „Ein Leuchtturm moderner, ganzheitlicher und präventiver Heilkunde", sagt Peter Berek dazu, der auch Vorsitzender des Stiftungsrates ist. Modern, ganzheitlich, präventiv: So möchte der Landrat auch den ganzen Ort sehen (und auch die Architektur, sei es in ihrer dienenden, sei es in ihrer symbolischen Rolle). Nötig war, nötig ist dazu eine Transformation der Gemeinde Bad Alexandersbad. Von außen betrachtet ist sie ein gutes Stück vorangekommen. Erste Erfolge zeigen sich: 2019 konnte die Gemeinde rund 100 000 Gäste verzeichnen. Allerdings: Die Corona-Pandemie mit ihren vielfältigen Kontaktbeschränkungen bremste auch in Bad Alexanderbad vieles aus. So musste das Alexbad zwischen November 2020 und Juli 2021 wegen der Pandemie komplett geschlossen werden. Die seit Mai 2020 amtierende Bürgermeisterin Anita Berek – eine Cousine von Peter Berek – sorgte im Februar 2022 für bayernweite Schlagzeilen, als sie ankündigte, wegen Zahlungsunfähigkeit das Alexbad zu schließen. Die Regierung von Oberfranken konnte die Situation beruhigen.

Klar ist: Bad Alexanderbad hat sich in den vergangenen Jahren zu einem Kompetenzzentrum für Gesundheitsförderung und Prävention entwickelt, das mit seinem Schwerpunkt Ostheopathie und seiner Architektur einmalig und eine Attraktion für die gesamte Region ist. Doch die Finanzierung dieser Einrichtungen kann eine Gemeinde mit weniger als 1000 Einwohnern nicht tragen. Deswegen ist es notwendig, die Last auf mehrere Schultern – beispielsweise mit einem Zweckverband, zu dem auch die Umlandgemeinden beitragen – zu verteilen. Sogar eine Adelung als „Staatsbad" – wie beispielsweise Bad Steben – hätte Bad Alexandersbad durchaus verdient! „Die ausgezeichneten Projekte geben Beispiele dafür, wie es gelingen kann, durch gemeinsamen Einsatz die ländliche Heimat für die Zukunft zu stärken", heißt es in der Urkunde des Staatspreises Land- und Dorfentwicklung 2020. Es ist zu hoffen, an diese stets betonte Gemeinsamkeit auch bei der Bewältigung künftiger Aufgaben anzuknüpfen. Vielleicht ja auch in größeren Rahmen.

Neubau Alexbad: 2015–2017
Standort: Markgrafenstraße 28, 95680 Bad Alexandersbad
Bauherrin: Gemeinde Bad Alexandersbad, Markgrafenstraße 28, 95680 Bad Alexandersbad
Planung: Brückner & Brückner Architekten Tirschenreuth | Würzburg, Veitshöchheimer Straße 1 a, 97080 Würzburg

Regionaltypisch

Scheunenreihen

Weißenstadt

F1 Wahrscheinlich gibt es nur wenige Bewohner des Fichtelgebirges, die nicht irgendwann einmal auf jene eigentümlichen Bauwerke angesprochen wurden, die meist an den großen Ausfallsstraßen in vielen Orten anzutreffen sind. Sie erinnern ein wenig an Häuserzeilen mit durchgehender First- und Trauflinie mit entweder schieferdunklen oder ziegelroten Satteldächern, mit einfachen Fassaden und großen Toren: die in der Region weitverbreiteten Scheunenreihen. Sie sind in Wunsiedel, in Marktredwitz, in Marktleuthen, in Thiersheim und in Kirchenlamitz zu finden. Es gibt sie auch in ein paar Orten der nördlichen Oberpfalz wie etwa in Kemnath. Aber am prominentesten und am häufigsten gibt es sie in Weißenstadt. Mehr als 80 der im Dialekt „Stadel" bzw. „Stodl" genannten Scheunen sind in der knapp 3400-Seelen-Stadt auf sechs Ensembles verteilt. Sie haben, wie es in einem jüngst erstellten Bericht des Bayerischen Landesamtes für Denkmalpflege heißt, eine „ortsbildprägende" und eine „ortsrandbildende Funktion", deswegen auch „eine große städtebauliche Bedeutung". Und sie werden von den Weißenstädtern geschätzt. Wer heute im Ort etwas auf sich halte, der besitze selbstverständlich eine Scheune, erzählt man sich. Und sollte man sie verkaufen, so werden die Scheunen nicht auf den offiziellen Immobilienmarkt angeboten, sondern unter der Hand weitergegeben.

Die Stadel in Weißenstadt sind knapp zwei Jahrhunderte alt: Sie entstanden nach dem großen Stadtbrand am 9. Mai 1823. Dieser vernichtete nicht nur 195 Wohnhäuser, 30 Scheunen und 75 Nebengebäude, sondern auch die Vorräte und Reserven der Bewohner. Es war Absicht des Wiederaufbaus, die Scheunen aus der Stadt auszulagern – aus feuerschutzpolizeilichen Gründen. Vor 200 Jahren waren Flächenbrände in den immer stärker bevölkerten und deswegen immer dichter bebauten Städten die Geisel der Zeit – auch in Hochfranken. Rehau wurde am 6. September 1817 Opfer der Flammen. 80 Prozent der Bausubstanz ging verloren. Nach Weißenstadt erwischte es am 6. Oktober 1822 den Markt Redwitz. Keine zwölf Monate

später zerstörte im September 1823 ein verheerender Brand den Großteil der Hofer Neustadt. Ein Großbrand vernichtete im Jahre 1834 zwei Drittel Wunsiedels. In Kirchenlamitz wüteten 1830 und 1836, in Marktschorgast 1838 und 1840 die Flammen. Münchbergs obere Stadt lag 1837 nach einem Brand in Schutt und Asche, gefolgt von Helmbrechts 1844 und Selb 1856.
Eine kurzfristige Wende brachte der 1824 abgeschlossene, vom durchreisenden Johann Wolfgang von Goethe als „wohlüberdacht" gepriesene Wiederaufbau von Rehau nicht. Aber er zeigte städtebauliche Möglichkeiten auf, wie man künftig in Hochfranken die Gefahr solcher Brände vermeiden könnte. Deshalb wurde er auch von der Königlichen Regierung Obermainkreis (dem Vorläufer des Regierungsbezirks Oberfranken) und sogar König Max Joseph persönlich unterstützt. Der Chefarchitekt des Unterfangens, der Hofer Baukondukteur Johann Wilhelm Baumann, wurde bereits einen Tag nach der Feuersbrunst beauftragt. Aber im Unterschied zu 1763, als das Häusergewirr des Marktfleckens Rehau nach einem verheerenden Großbrand nahezu unverändert wieder aufgebaut worden war, plante Baumann eine Idealstadt auf klassizistischem Grundriss. Und nahm dabei, ausgestattet mit königlichem Dekret, auf die überkommenen Eigentumsverhältnisse der Grundbesitzer wenig Rücksicht. Goethe, der Praktiker, im Hauptberuf ja Geheimrat am Hofe zu Weimar, vermerkte in seinen Reisenotizen: „Freilich konnte das nur durch höhere Leitung, Befehle und Unterstützung geschehen." Es entstand eine Kleinstadt mit breiten schnurgeraden Straßen, die rechtwinkelig von Querstraßen geschnitten werden. Sämtliche Neubauten – Baumann zeichnete vier standardisierte Wohnhaustypen mit traufständischen Schieferdächern – wurden vollständig aus Stein aufgebaut und mit Brandmauern geschützt.
Beim Wiederaufbau der Hofer Neustadt, in den auch Baumann involviert war, gelang ihm dieser Erfolg nicht ganz. Zwar wurden einige seiner Ideen berücksichtigt, doch eine starke Bürgerschaft wehrte sich gegen allzu radikale Ideen. Dagegen bescherte der vom königlichen Baukunstausschuss unter Friedrich von Gärtner beaufsichtige Wiederaufbau nach 1834 Wunsiedel ein klassizistisches Stadtbild. Auch in Münchberg, wieder hatte der Baukunstausschuss seine Hand im Spiel, berücksichtige der Wiederaufbau klassizistische Gestaltungsmerkmale – besonders bei öffentlichen Gebäuden. In Rehau ordnete Baukondukteur Baumann darüber hinaus an, Scheunen und sämtliche aus Latten und Brettern zusammengezimmerte Nebengebäude am Rand der Stadt zu errichten. Erfinder dieser Idee war Baumann freilich nicht. →

Schon 1540 hatte der Rat in Redwitz (heute Marktredwitz) nach einer Feuersbrunst beschlossen, dass Stadel nicht mehr innerhalb der Stadt gebaut werden dürfen. Geholfen hat es nicht viel. Beim zitierten Großbrand 1822 in Redwitz brannte die ganze Bebauung an der Egerstraße ab – inklusive der Scheunen. Wobei sie sofort wieder – in Brockenmauerwerk – aufgebaut wurden.

Der vom Bayreuther Kreisbauinspektor Johann Daniel Tauber geleitete Wiederaufbau in Weißenstadt und die außerhalb der Stadt entstandenen Scheunenreihen sind im Kontext dieser Flächenbrände und dem Versuch ihrer Vermeidung durch rationalisierte Stadtplanung zu sehen. Vor Weißenstadt hatte Tauber die Pläne zur Rekonstruktion einer Synagoge in Sulzbach und einer katholischen Pfarrkirche in Waldershof gezeichnet – beide waren Stadtbränden zum Opfer gefallen. In Weißenstadt musste er auf noch stehende und in einigermaßen gutem Zustand befindliche Grundmauern sowie vorhandene, noch intakte Keller Rücksicht nehmen. Also auf die bestehenden Eigentumsverhältnisse. Dennoch schuf Tauber eine regelmäßige Stadtanlage mit neu gestaltetem Marktplatz, normierten, traufständischen Haustypen und, soweit es die Topografie zuließ, orthogonalen Straßen. Stadtmauer und Stadttore wurden abgebrochen, Engstellen beseitigt. Scheunen – einschließlich ihrer Brandlast aus Stroh, Heu, aber auch Brennholz – waren in der Stadt verboten. Interessant ist deshalb die Lage der gereihten Scheunen. Oder besser: Wie positioniert man diese im Anschluss an einen regelmäßigen Stadtgrundriss unter Berücksichtigung der exponierten, fast spornartigen Lage Weißenstadts, bei der im Süden das Gelände steil zur Eger abfällt? Die Scheunenreihen entlang der Gartenstraße und der Peuntstraße folgen in etwa der ehemaligen Stadtmauer im Nordwesten und Nordosten. Die in der Bayreuther, in der Wunsiedler und der nördlichen Kirchenlamitzer Straße bzw. Am Ehrenhain liegen dagegen in drei Himmelsrichtungen an den Ausfallstraßen. Die westlich der Altstadt gelegene Scheunenreihe Am Mühlgraben befindet sich etwas abseits – heute vor dem Damm am Stausee.

Die Geschlossenheit der heute als Einzelbaudenkmal geschützten Scheunenreihen, ihre durchaus noch erkennbare einheitliche Konstruktion und Gestaltung lassen vermuten, dass der Kreisbauinspektor Tauber auch deren Bau überwachte. Zumal bereits im Herbst

1823 – also wenige Monate nach dem Brand – die ersten Scheunen wieder fertig waren. Der Bedarf an Lagermöglichkeiten war gerade zur Erntezeit offenbar riesengroß. Weißenstadts Haupterwerbszweige zu dieser Zeit waren der Bergbau und die Landwirtschaft, ein wenig auch die Zeidlerei. Die Äcker gingen bis vor die Tore der Stadt – und die Ernte musste man irgendwo unterbringen. Davon zeugen auch die Felsenkeller, die es natürlich nicht nur in Weißenstadt gibt. Doch das südöstlich der Gottesackerkirche sich erstreckende Gebiet mit insgesamt 130 Eingängen und einem labyrinthischen System an Lagerräumen und Gängen ist so malerisch und eindrucksvoll wie keine zweite Anlage.

Für Bauinspektor Tauber gehörte das planmäßige Schaffen von Speicher- und Stapelmöglichkeiten landwirtschaftlicher Güter im Sinne einer Fortführung des von ihm geschaffenen Stadtbildes zu seinen Aufgaben. Wobei er kein Scheunenviertel baute. Sondern Scheunen in abgeschlossenen, überschaubaren größeren Einheiten, die er rund um die Stadt verteilte – womöglich in geziemendem Abstand. Die Reihen haben zwischen zehn und 15 Einzelscheunen. Die „Am Ehrenhain" hat 21 Scheunen – aber sie ist auch weit draußen. In der Wunsiedler Straße gibt's eine Reihe mit sechs, eine andere mit fünf Scheunen, die sich gegenüberstehen. Die an der Bayreuther Straße hat 17 Scheunen, aber die ist ein Sonderfall. Die Absicht jedenfalls ist klar: Sollte das brennbare Material in einer der Scheunen Feuer fangen, werden die anderen Scheunenreihen davon nicht betroffen.

Die Außenwände der Scheunen wurden aus Bruchsteinen gemauert, die Satteldächer meist in Schiefer gedeckt. Jeder Baukörper ist eingeschossig auf einer einheitlichen Parzelle und wird manchmal auf der Rückseite mit kleinen Fenstern spärlich belichtet. Die Firstlinie ist durchgehend, ebenso die Trauflinie. Jede Scheune ist mit einem einheitlich großen Korb- oder Stichbogen und einem zweiflügeligen Tor geöffnet, wobei der Bogen immer mal wieder mit manchmal kunstfertig bearbeitetem Granit gefasst wird. Die an einer Hangkante liegende Scheunenreihe an der Bayreuther Straße unterscheidet sich von den anderen gleich in einigen Punkten: Die Baukörper sind zweigeschossig. Das vom heutigen Kurpark aus zugängliche Untergeschoss besteht aus sichtbar gelassenen Bruchsteinwänden, das Obergeschoss aus einer mit Brettern verschalten Holzkonstruktion. Das hohe Dachgeschoss ist meistens mit Fledermausgauben belichtet und teils mit Biberschwanzziegeln, teils mit Schiefer gedeckt. Die Trennung der einzelnen Scheunen erfolgt mit Bretterwänden, auch die waagrechten Tore sind aus Holz. Vielleicht geht dieses Erscheinungsbild in der Bayreuther Straße auf einen Brand von 1844 zurück. Dieser zerstörte „südlich der Eger" 24 Scheunen. Da es keine andere Scheunenreihe in Weißenstadt südlich der Eger außer die an der Bayreuther Straße gibt, ist wahrscheinlich diese gemeint. Noch 1844 wurde sie wiederaufgebaut.

Den letzten Absatz hätte man eigentlich zur Gänze im Imperfekt schreiben müssen. Denn die Scheunen haben ihre ursprüngliche Funktion als Lagerstätten landwirtschaftlicher Produkte mit dem Strukturwandel des Agrarwesens verloren. Heute nützt jeder Eigentümer seine Scheune, wie er will. Als Abstellraum für Möbel oder Boote, als (manchmal private, bisweilen gewerbliche) Werkstatt, als Raum zum Trocknen der Wäsche, zur Unterbringung von Gartengeräten und natürlich als Garage fürs Auto. In Kriegszeiten haben einige Weißenstädter, so ist zu hören, verbotswidrig Kleintiere – etwa Ziegen – in ihren Scheunen gehalten. So unterschiedlich die Nutzung, so unterschiedlich schauen die Reihen inzwischen aus. Schon 1954 schreibt der im Auftrag des bayerischen Kulturministeriums herausgegebene Band *Kunstdenkmäler in Oberfranken* zu den Weißenstädter Scheunenreihen: „Der geschlossene Charakter der ursprünglichen Anlagen wird durch Erneuerungen und Umbauten leider schon fühlbar beeinträchtigt." So viel hat sich nicht geändert. Bis Anfang der 1990er Jahre ist man in Weißenstadt – häufig auch bestärkt durch die Politik – nicht nur unsensibel, sondern oft rüpelhaft und grob mit dem in dieser Dimension bundesweit einmaligen Schatz der Scheunenreihen umgegangen. Am schlimmsten sind die meist waagrechten Garagentore aus allerlei Kunststoffen in diversen „Optiken" oder Holzimitaten, die in der Regel die Optik der ganzen Reihe entstellen.

Wohl gemerkt: Landwirtschaftliche Nebengebäude, über die man üblicherweise kein Wort verliert und sich meistens auch kein Wort zu verlieren lohnt, wurden im Auftrag des Ministeriums zu Kunstdenkmälern erklärt. Mitte der 1990er Jahre begann in Weißenstadt ein Umdenken. 1997 erstellte der Schwabacher Architekt Veit Sipos einen „Untersuchungsbericht" zu den Scheunenreihen, wobei er auch mögliche Umnutzungen, beispielsweise zu Wohnzwecken, prüfen sollte. →

Sipos' sogenanntes Scheunengutachten bestätigte die Aussage im Denkmalband. Er stellte darüber hinaus diverse Verformungen infolge von statischen und Feuchtigkeitsproblemen fest und regte an, einzelne Stadel für Dienstleister, (Kunst-) Handwerker oder gastronomische Betriebe zu öffnen. Sogar die Umnutzung für Wohnen oder gemischte Nutzung mit Kleingewerbe und Wohnen hielt der Architekt für möglich. In mehreren Straßen wurden einige Projekte in Sipos' Sinne umgesetzt. In der ebenfalls von Sipos' Büro erarbeiteten und im Jahre 2000 vom Stadtrat beschlossenen Gestaltungssatzung ist von den Scheunenreihen als „städtebauliche Besonderheit" die Rede. Die Satzung betont die gestaltprägenden Elemente dieser Bauwerke und verweist auf die bereits „nicht immer im Sinne der nun gültigen Gestaltungsanforderungen" durchgeführten Sanierungsmaßnahmen.
Als „gelungenen Umbau" führt das Regelwerk die Infoscheune am Kopf der Reihe an der Bayreuther Straße auf, deren teilweise verglaste Rückseite sich dem Kurpark öffnet. Sie dient auch als Treffpunkt und Veranstaltungsort. Seit dem Beschluss der Gestaltungssatzung sind weitere Scheunen – vor allem an der Bayreuther Straße, aber auch am Ehrenhain – nun im Sinne der Anforderungen denkmalgerecht saniert worden. Die Dächer, die Tore, die Gauben sind perfekt gemacht – eine Scheunenreihe in gutem Zustand ist ein Aushängeschild. Andere Scheunenreihen sind in weniger gutem Zustand. Die Stadt, die sich der Einmaligkeit dieser Bauten bewusst geworden ist, kämpft gegen Bausünden der 1970er und 1980er Jahre. Sie hat die Kommunikationswege mit Landratsamt und Regierung Oberfranken auch in Sachen Scheunenreihen verbessert. Sollten Veränderungen in einem der Stadel anstehen, erfährt es die Stadt und kann auf den Eigentümer einwirken und an die Verantwortung in Sinne eines relativ intakten Stadtbildes appellieren. Und: Man kann sich auch einige von Sipos angeregten Umnutzungen vorstellen. Seit Eröffnung des Thermalbades Siebenquell am Ufer des Weißenstädter Sees 2016 erlebt der Tourismus in Weißenstadt eine wirkliche Blüte. In naher Zukunft soll die Stadt sogar den Titel „Bad" tragen. Dazu würde dann eine denkmalgerecht sanierte „Scheunenbar" oder ein historisches „Scheunencafé" doch ziemlich gut passen.

Standorte: Insgesamt sechs Scheunenreihen entlang der Straßen Am Ehrenhain, Kirchenlamitzer Straße, Am Mühlgraben, Am Stadtgraben, Grabenstraße und Peuntstraße sowie an der Bayreuther Straße.

Strohdachhäuser

Kleinschwarzenbach, Neudorf, Nentschau, Kleinlosnitz

F2 Vier sind übrig geblieben. Vier von einst Hunderten in Hochfranken. 1961 waren es im Landkreis Münchberg, den man im Zuge der Gebietsreform 1972 auflöste, 40 strohgedeckte Häuser. In dem einstigen Weberdorf Kleinschwarzach waren 1891 fast alle Häuser strohgedeckt. Und zu Beginn des 19. Jahrhunderts soll im Raum nördlich des Fichtelgebirgskamms bei etwa 80 Prozent der Häuser die Dachdeckung aus Stroh oder Schindeln gewesen sein. Also ein Quartett, alle im Landkreis Hof, alle denkmalgeschützt, wobei es sich, um präzise zu sein, um zwei Einzelhäuser sowie zwei Hofstellen handelt: das „Weberhausmuseum" in Neudorf und ein inzwischen ebenfalls museal genutztes Weberhaus in Kleinschwarzenbach sowie der Dietelhof im Bauernhofmuseum Kleinlosnitz und die sogenannte Nentschauer Mühle, die jeweils mehrere strohgedeckte Bauten versammeln. Wobei die Mühle das einzig noch bewohnte Strohdachhaus darstellt und die dort wohnende Familie Seedorf das Strohdachdecken zum (Teil-)Beruf machte.

Alle vier Häuser entstanden gegen Ende des 18. Jahrhunderts, die eingeschossigen Gebäude in Kleinschwarzenbach und Neudorf waren von Webern bewohnt. Die beiden anderen, beide zweistöckig, von Bauern. Die Übergänge allerdings waren fließend. Viele der Heimweber im Frankenwald fristeten vorher als Klein- und Kleinstlandwirte ihr Leben und stellten sich auf der Suche nach Nebeneinkünften einen Webstuhl in die Wohnstube. Selbst wenn ihre wesentliche Erwerbsquelle sich dauerhaft in Richtung der Weberei verschob, bewirtschafteten sie immer noch ein spärliches Stück Acker zur Selbstversorgung – inklusive Getreideanbau. (Ihre Situation unterschied sich deswegen auch von jener der schlesischen Weber in Gerhart Hauptmanns gleichnamigen Drama, die vom kärglichen Lohn auch noch Feudalabgaben zu entrichten hatten.) So ist das Gebäude in Kleinschwarzenbach – wie auch das in Neudorf – ein Wohnstallhaus mit üblichem Grundriss: Der massive Wohnteil ist aus Granitbruchsteinen gemauert, der Ziegen- und Schweinestall sowie der Schupfen sind dagegen verbrettert. Der Kleinschwarzenbacher Bau ist ein Trüpfhaus, doch war nicht jedes strohgedeckte Haus ein Arme-Leute-

Haus, wie man am gut situierten Dietelhof, von dem die Originalausstattung weitgehend überliefert ist, deutlich sieht: Die Wohnstube war so groß, dass man sie in zwei großzügige Räume teilen konnte, ebenso die Schlafstube im Obergeschoss.

Der Bedeutungsverlust des Strohdachs, des sogenannten Weichdachs, erzählt vom wachsenden Wohlstand, von steigenden Komfortbedürfnissen, von Veränderungen in der Ökonomie. Aber auch von feuerpolizeilichen Bestimmungen, die dieser Art von Dachdeckung entgegenwirken sollten – waren – gerade nach den verheerenden Bränden, die nahezu jede Stadt in Hochfranken in der ersten Hälfte des 19. Jahrhunderts heimsuchten. Das Stroh wurde nach und nach durch Tonziegel oder Schiefer, manchmal auch durch Blech, Eternit oder Zement ersetzt. Um das Gewicht dieser härteren Materialien zu tragen, mussten auch die Dachstühle verändert, in der Regel verstärkt werden.

Darüber hinaus ist die Lebenszeit des stets reparaturbedürftigen Strohdachs begrenzt – heute muss man es nach maximal 15 Jahren austauschen. Und die Vorbereitung ist nach modernen Maßstäben äußerst aufwändig: Der Roggen, der sich am besten für Strohdächer eignet, ist langstielig. Dieser aber wird von den heutigen, auf Effizienz getrimmten Agrarbetrieben nicht mehr angebaut. Der „Karlshulder Winterroggen“, eine Roggensorte, die etwa zwei Meter hoch wird →

und mit der die vier hochfränkischen Gebäude eingedeckt wurden, kommt ursprünglich aus dem Donaumoos. Er muss, um die Stiele nicht zu knicken, nicht mit dem Mähdrescher, sondern muss mit einem Bindemäher oder einer speziellen Sense geerntet, getrocknet und anschließend mit dem Dreschflegel von Hand gedroschen werden. Das eigentliche Eindecken des zu „Schaaben" gebundenen, auf eine Länge gebrachten und dann zu einer „8" verdrehten Strohs dauert gerade zwei, drei Tage. Mit aller Kunstfertigkeit werden dabei die Schaben mit einem Strohband an Stangen gebunden, wobei am Ende sich drei bis vier Lagen Stroh überlagern. Am First, am Ortgang und an der Traufe müssen diese zusätzlich mit Brettern gesichert werden.
Strohdächer sind atmungsaktiv, filtern die Luft, speichern Feuchtigkeit. Ihre Wärmeleitfähigkeit entspricht in etwa der von Polystyrol-Hartschaumplatten. Also eine nachhaltige Alternative zu den in der Regel bei der Herstellung energieintensiven Dämmmaterialien, die derzeit allenthalben verbaut werden? Eher theoretisch. Unter Strohdächern kann es im Winter recht frisch werden, erzählen die Bewohner der Nentschauer Mühle. Doch muss das nicht das letzte Wort sein. Mit anderen natürlichen Materialien zu Ballen oder Platten verarbeitet, könnte Stroh in Zukunft für Wände, vielleicht sogar für Dächer verwendet werden. So könnte das Quartett der hochfränkischen Strohdachhäuser ein Fingerzeig für ökologisches Bauen der Zukunft sein.

F2a) Standort: Neudorf 24, 95197 Schauenstein
Bauherr: Landkreis Hof, Schaumbergstr. 14, 95032 Hof/ Interessengemeinschaft IG Neudorf, Neudorf 24, 95197 Schauenstein

F2b) Standort: Zum Weberhaus 10, 95233 Helmbrechts-Kleinschwarzach
Bauherr: Edwin Greim, Von-Welden-Straße 24, 95028 Hof

F2c) Standort: Nentschau 42, 95194 Regnitzlosau-Nentschau
Bauherren: Friederike und Johannes Seedorf, Nentschau 42, 95194 Regnitzlosau-Nentschau

F2d) Standort: Kleinlosnitz 6, 95239 Zell
Bauherr: Zweckverband Oberfränkisches Bauernhofmuseum Kleinlosnitz, Kleinlosnitz 5, 95239 Zell

Scheune
Weißenstadt

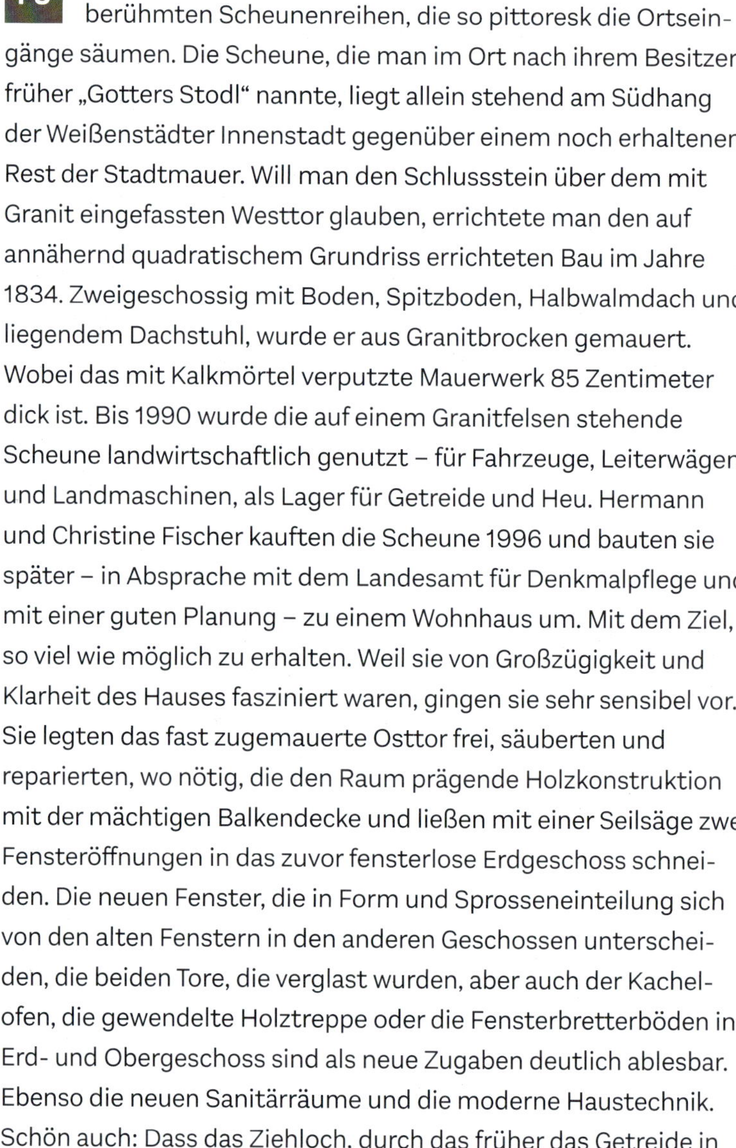

F3 Eine Scheune in Weißenstadt – aber nicht in einer der berühmten Scheunenreihen, die so pittoresk die Ortseingänge säumen. Die Scheune, die man im Ort nach ihrem Besitzer früher „Gotters Stodl" nannte, liegt allein stehend am Südhang der Weißenstädter Innenstadt gegenüber einem noch erhaltenen Rest der Stadtmauer. Will man den Schlussstein über dem mit Granit eingefassten Westtor glauben, errichtete man den auf annähernd quadratischem Grundriss errichteten Bau im Jahre 1834. Zweigeschossig mit Boden, Spitzboden, Halbwalmdach und liegendem Dachstuhl, wurde er aus Granitbrocken gemauert. Wobei das mit Kalkmörtel verputzte Mauerwerk 85 Zentimeter dick ist. Bis 1990 wurde die auf einem Granitfelsen stehende Scheune landwirtschaftlich genutzt – für Fahrzeuge, Leiterwägen und Landmaschinen, als Lager für Getreide und Heu. Hermann und Christine Fischer kauften die Scheune 1996 und bauten sie später – in Absprache mit dem Landesamt für Denkmalpflege und mit einer guten Planung – zu einem Wohnhaus um. Mit dem Ziel, so viel wie möglich zu erhalten. Weil sie von Großzügigkeit und Klarheit des Hauses fasziniert waren, gingen sie sehr sensibel vor. Sie legten das fast zugemauerte Osttor frei, säuberten und reparierten, wo nötig, die den Raum prägende Holzkonstruktion mit der mächtigen Balkendecke und ließen mit einer Seilsäge zwei Fensteröffnungen in das zuvor fensterlose Erdgeschoss schneiden. Die neuen Fenster, die in Form und Sprosseneinteilung sich von den alten Fenstern in den anderen Geschossen unterscheiden, die beiden Tore, die verglast wurden, aber auch der Kachelofen, die gewendelte Holztreppe oder die Fensterbretterböden in Erd- und Obergeschoss sind als neue Zugaben deutlich ablesbar. Ebenso die neuen Sanitärräume und die moderne Haustechnik. Schön auch: Dass das Ziehloch, durch das früher das Getreide in die oberen Geschosse transportiert wurde, mit begehbaren Glasscheiben erhalten blieb. Eine Scheune in Weißenstadt, später Wohnhaus, heute Ferienhaus – und es passt perfekt.

Auszeichnung: Bayerischer Denkmalpflegepreis der Bayerischen Ingenieurekammer-Bau 2008
Sanierung: 2006–2008
Standort: An der Stadtmauer 14, 95163 Weißenstadt
Bauherren: Hermann und Christiane Fischerr, An der Eger 23, 95163 Weißenstadt
Planung: Siegfried Schultheiß Ingenieurbüro, Goethestraße 21, 95632 Wunsiedel

14

Trüpfhaus

Arzberg

F4 Es war wunderschön: die Feier, die Preisverleihung bei der Hypo-Kulturstiftung, zu der sie extra mit einer Freundin nach München gefahren ist, die Rede von Thomas Goppel, damals Bayerischer Wissenschafts- und Kunstminister. Marianne Burger erinnert sich gern an dieses Event, bei dem sie für die Sanierung ihres Geburtshauses ausgezeichnet wurde. Sogar glänzende Augen bekommt sie. Obwohl die Sanierung des aus dem Jahre 1728 stammenden Gebäudes – in dem früher ihre Mutter gewohnt hatte und das dann leer stand – ein finanzieller Kraftakt war. Alles kostete immer viel zu viel. Aber dank Oberfranken-Stiftung, der Stadt Arzberg und anderer Fördergeber sowie viel, viel Eigenleistung ging es dann doch. Das Trüpfhaus, Jahrgang 1728, am Rand des historischen Stadtkerns gelegen, ist eines der wenigen Überlebenden des verheerenden Stadtbrandes von 1867, dem fast ganz Arzberg zum Opfer fiel. Dank des klugen Sanierungs- und Modernisierungskonzeptes von Gerhard Plaß konnte der Bau seinen Charakter eines bescheidenen Arbeiter- und Handwerkerhauses bewahren. Andererseits ist ein kleines Schmuckstück daraus geworden, bei dem etwa die beeindruckende historische Balkendecke oder die inneren Fachwerkwände herausgearbeitet wurden. Zugleich wurden Haustechnik, Fußböden und das Dach erneuert sowie ein modernes Bad eingebaut. Sogar Sonnenkollektoren gibt es – allerdings nicht im Dach, sondern in die Wandabtrennung zum Nachbargrundstück integriert. Als müsste das kleine Raumwunder Trüpfhaus seiner Freude Ausdruck verleihen, grüßt eine nun kräftig rot gestrichene Altane auf der Straßenseite die Passanten.

Auszeichnung: Denkmalpreis der Hypo-Kulturstiftung 2006, Anerkennung
Sanierung: 2003–2004
Standort: Spitalstraße 7, 95659 Arzberg
Bauherrin: Marianne Burger, Spitalstraße 7, 95659 Arzberg
Planung: Plaßarchitektur, Burgstraße 8, 95707 Thiersheim

Frackdachhaus

Hohenberg

F5 Landwirtschaft, Töpfereihandlung, Fleischerei, Porzelliner, Wohnhaus. Das zweigeschossige Wohnstallhaus in der Selber Straße in Hohenberg hat schon allen möglichen Zwecken gedient. Vermutlich haben auch irgendwann Weber darin gewohnt und gearbeitet. Denn zu was sollten die Säcke voll ungesponnenen Flachs und die komplette Spinnausrüstung, die Barbara Ludwig nach dem Erwerb dieses Hauses gefunden hatte, denn sonst dienen? Wie die abwechselnden Nutzungen so präsentiert sich auch das wahrscheinlich vor 1500 zum ersten Mal bebaute Anwesen als muntere Mischung unterschiedlicher (regionaler) Stile: Da ist der giebelständige, mit einem Blechdach gedeckte Frackdachbau, der anfangs des 19. Jahrhunderts umgebaut (das deuten Inschriften über Haus- und Stalltür an) und später nochmals erweitert wurde (was die anderen Fensterformate und das Biberschwanzdach erklären würde). Quer dazu steht eine heute als eine Art Veranda dienende Holzlege, die von einem Blechdach gedeckt und mit schönen Fledermausgauben ausgestattet ist. In der Fortsetzung gibt es eine weitere quer stehende, wohl im 17. Jahrhundert gebaute Scheune, deren verputztes Erdgeschoss aus Bruchsteinen gemauert, das Obergeschoss dagegen mit einem einfachen Sichtfachwerk konstruiert ist. Ihr Keller zeichnet sich durch ein imposantes Gewölbe aus. Nur kurz, zwischen 1694 und 1717, – bis zu einer Erbteilung – bildete das Haus mit dem Anwesen gegenüber den „Keckenhof". Später waren die Bauten Teil eines Vierseithofes, bis dessen viertes Gebäude einer Verbreiterung der Selber Straße in den 1970er Jahren zum Opfer fiel. Barbara Ludwig, die das Anwesen in mehreren Schritten mit viel Eigenleistung sanieren ließ, präsentiert auch im Inneren einen Mix aus Fundstücken und modernen Einrichtungsgegenständen. Da gibt's eine wunderschöne historische Holzbalkendecke mit profilierten Querbalken, einen kleinen, zarten Wandschrank und dann einen mächtigen Kachelofen mit gemütlicher Sitzbank. Nicht nur ästhetisch zusammengehalten wird diese charmante Regellosigkeit durch einen reizvollen Bauerngarten, dem hinter dem Haupthaus noch ein zweiter ebenso großzügiger wie verträumter Garten folgt.

Standort: Selber Straße 84,
95691 Hohenberg a. d. Eger
Bauherrin: Barbara Ludwig, Selber Straße 84,
95691 Hohenberg a. d. Eger

Blockhaus
Schönwald

F6 Der denkmalgeschützte Vierseithof im Schönwalder Ortsteil Brunn, den die Familie Klotz-Veit 1989 erwarb, hat immer wieder die Aufmerksamkeit von Haus- und Heimatforschern erregt. Insbesondere das Gebäude im Süden der Anlage ist erwähnenswert, stellt es doch eines der letzten Blockbohlenhäuser im Landkreis Wunsiedel dar. Den eingeschossigen Bau hatte man etwa 1810 errichtet – als Austragshaus für den Altbauern. Der Grundriss ist klassisch: auf der einer Seite die Wohnstube, auf der anderen der Stall, in der Mitte eine Diele und – mit Ziegelmauern abgetrennt – die Schwarzkuchl mit deutschem Kamin und Kochstein. Eine steile Stiege führt ins Dachgeschoss, in dem sich Schlafkammer und Platz für Stroh und Heu befinden. Die Familie sicherte zunächst das sich in einem maroden Zustand befindliche Haus mit einem neuen Blechdach, das es auch schon zuvor trug. Die ursprünglichen Holzschindeln waren bis auf eine kleine Fläche nicht mehr vorhanden. In einem zweiten Bauabschnitt sanierten die Bauherren – mit viel Eigenleistung sowohl planerischer als auch handwerklich ausführender Art – in Abstimmung mit der Denkmalpflege das Gebäude: Unter anderem setzte man unter dem Stall neue Streifenfundamente und ersetzte schadhafte Bohlen, die Giebelverkleidung und -fenster nach historischem Vorbild. Die kunstvollen Verbindungen zwischen Bohlen arbeitete man nach. Innen legte man Farbschichten sowie Holzständerwände mit Lehmgefachen frei und öffnete im Stall – zugunsten eines weitaus großzügigeren Raumeindrucks, aber anders als im Original – den Dachstuhl.

Auszeichnungen: Denkmalpreis des Bezirks Oberfranken 2021
Bauzeit: 1998 (Dacheindeckung), 2012–2015 (Sanierung)
Standort: Brunn 15, 95173 Schönwald
Bauherrin: Familie Klotz-Veit, Brunn 15, 95173 Schönwald
Planung: Andrea Veit, Brunn 15, 95173 Schönwald

Vierseithof

Selb-Unterweißenbach

F7 Der idyllische Anblick des Vierseithofes mit angrenzender Pferdekoppel und benachbartem, seerosenbedecktem Teich könnte Kalenderblätter zieren. Das Haupthaus, ein massives, zweigeschossiges Wohnstallhaus, sowie zwei Scheunen und eine Holzlege mit Brunnen wurden zwischen 1861 und 1887 errichtet. Das fast burgartig anmutende, von außen nicht einsehbare Geviert ist das Elternhaus der Bauherrin, die es seit 2011 schrittweise saniert und zu einer Wohnoase umbaut. Der Großteil der bisherigen Arbeiten fand gleichsam unter der Oberfläche statt und war der statisch-konstruktiven Sicherung geschuldet. Den optischen Höhepunkt der baulichen Maßnahmen stellt das wunderbare Gewölbe aus böhmischen Kappen im zum Wohnzimmer umgebauten ehemaligen Stall dar. Nachdem man – ursprünglich nur zur Prüfung des Bauzustandes – den Putz abgeschlagen hatte, entschied man sich spontan, das gut erhaltene Ziegelmauerwerk der Kappen sichtbar zu lassen. Nach dem Auskratzen der Fugen, dem Aufbereiten der filigranen Spannglieder und dem Sandstrahlen des Mauerwerks schafft das Gewölbe zusammen mit den wuchtigen Natursteinmauern eine einzigartige, wenn auch nicht historisch-authentische Atmosphäre. Die restaurierten Schablonenmalereien, eine rekonstruierte viertelgewendete Eichentreppe und der renovierte Granitboden in der Diele zeugen von handwerklicher Sorgfalt und Liebe zum Detail. Einzig die noch unsanierte Fassade des Hauptgebäudes signalisiert, dass der Umbauprozess noch nicht ganz abgeschlossen ist.

Bauzeit: 2011–2014
Standort: Hans-Köhler-Straße 15, 95100 Selb-Unterweißenbach
Bauherrin: Dr. Rita Wellhöfer, Selb
Planung: Kuchenreuther Architekten / Stadtplaner, Markt 12–14, 95615 Marktredwitz

Anwesen Georgi

Selb-Heidelheim

F8 Man kann es fast summen und brummen hören. Und die verschiedenen Düfte allerlei Blumen beinahe riechen. Der ebenso üppige wie farbenfrohe Bauerngarten und das zweigeschossige Walmdachhaus mit seinen gelb abgesetzten Fenster- und Türrahmen sind auf der Homepage des Selber Ortsteiles Heidelheim abgebildet. Mit folgendem Text: „Viele Gebäude wurden aufwändig und sensibel restauriert. Oswald und Luise Georgi erhielten 2005 für die vorbildliche Sanierung von Haus Nr. 20 eine Auszeichnung des bayerischen Landwirtschaftsministeriums und einen Fassadenpreis der Stadt Selb." Präziser: Das Ehepaar Georgi hatte sein landwirtschaftliches Anwesen seiner Tochter überlassen, sich das leer stehende Nachbargebäude – ein Wohnstallhaus – gekauft und in dieses zwei Wohnungen gebaut. Zunächst musste man die schon baufällige Scheune retten, danach widmete man sich dem 1780 errichteten Haus. Der Wohnteil wurde sorgsam saniert: Die alten Fliesen wurden erhalten und repariert, die alten Türstöcke, die alten Holztüren, die historischen Dielenböden, die Schablonenmaleriei aus den 1920er Jahren. Das Glanzstück ist ein wunderschön bemalter Holzbauernschrank aus dem Jahre 1811. In den ehemaligen Stall und die darüberliegenden früheren Gesindekammern baute man eine moderne und großzügige Drei-Zimmer-Wohnung. Die modernen Holzelemente sind dabei harmonisch mit den historischen Gewölben verbunden. „Die Dorfgemeinschaft in Heidelheim", heißt es auf besagter Homepage, „ist immer irgendwo am bauen, putzen oder reparieren." Das Ehepaar Georgi sollte auf diesem Wege Vorbild sein.

Auszeichnung: Fassadenpreis der Stadt Selb 2005
Staatspreis Ländliche Entwicklung 2005
Sanierung: 1998 bis 2005
Standort: Heidelheim 20, 95100 Selb
Bauherren: Oswald und Luise Georgi, Heidelheim 20, 95100 Selb
Planung: Plaßarchitektur, Burgstraße 8, 95707 Thiersheim

Dreiseithof

Höchstädt-Braunersgrün

F9 Heimkehrer rettet dem Abriss geweihtes Gebäude und zeigt, was sich daraus für ein wunderbares Haus machen lässt. So in etwa lässt sich die jüngere Geschichte dieser im 16. Jahrhundert erstmals erwähnten Hofstelle im Ortsteil Braunersgrün zusammenfassen. Tobias Pöhlmann, der in Höchstädt geboren ist, in Berlin studierte und dort anschließend arbeitete, wollte mit Lebensgefährtin und Kindern wieder in die Heimat zurück. Und fand diesen verfallenen Dreiseithof, dessen Eigentümer ihn eigentlich abreißen wollten. (Und es auch getan hätten, wäre er nicht unter Denkmalschutz gestanden.) Das ehrgeizige Ziel der Bauherrenfamilie: Den Hof mit vorzugsweise ökologischen Baustoffen – Hanf, Lehm, Kalk, Holzfasern – instand zu setzen und ihn an zeitgenössische Wohnbedürfnisse anzupassen. Wichtig war darüber hinaus, eine Brücke zwischen historischen Bautechniken und umweltgerechtem Bauen zu schlagen, wobei man historische Details in Abstimmung mit dem Landesamt für Denkmalpflege soweit wie möglich erhalten oder rekonstruieren konnte. Schablonenmalereien und Stuckverzierungen wurden fachgerecht restauriert, wiederverwendbare alte Fenster restauriert und zu Kastenfenstern umgebaut, neue Fenster mit dem alten, aufwändigen Profil nachgebaut. Das Dach erhielt seine historische Schieferdeckung zurück. Als die Bauerherren den Ende des 19. Jahrhunderts verschieferten Giebel freilegten, entdeckten sie das darunter liegende ursprüngliche, reich profilierte Fachwerk und entschlossen sich, diese strotz des erheblichen finanziellen Aufwandes wiederherzustellen. Dieses überaus gelungene Werk wurde mit der Bayerischen Denkmalschutzmedaille ausgezeichnet.

Auszeichnung: Bayerische Denkmalschutzmedaille 2019
Denkmalpreis des Bezirks Oberfranken 2021
Sanierung: Von 2013 an in mehreren Bauabschnitten
Standort: Braunersgrün 1, 95186 Höchstädt/Fichtelgebirge
Bauherren: Hanna Keding und Dr. Tobias Pöhlmann, Braunersgrün 1, 95186 Höchstädt/Fichtelgebirge
Genehmigungsplanung: Kuchenreuther Architekten/Stadtplaner, Markt 12–14, 95615 Marktredwitz

Töpferhaus

Höchstädt

F10 Nach einem Verdikt der *Frankenpost* kennen Generationen von Schülern aus dem Landkreis Wunsiedel und ganz Deutschland Fred Zimmermanns geschickte Hände. Grund: Zimmermann ist seit 1988 Töpfer in der Werkstatt des Wunsiedler Fichtelgebirgsmuseums, in der ihm bei Führungen und Besuchen viele Neugierige zuschauen, wie er Krüge, Becher und Schüsseln aus Ton formt. Doch die Töpferscheibe dreht sich nicht in der Kreisstadt alleine. Eine zweite befindet sich auf einer Anhöhe in Höchstädt, in einem alten Wohnstallhaus. Das Anfang des 19. Jahrhunderts wahrscheinlich für einen Nebenerwerbsbauern errichtete Gebäude – auf einer Inschrift über der Eingangstür steht 1810 – hat Zimmermann mit seiner Frau im Jahre 1983 erworben. Weil es ziemlich heruntergekommen war und lange schon nichts mehr investiert wurde, hat das Paar es schrittweise saniert und mit viel Eigenleistung zu einem Wohnhaus mit Töpferwerkstatt umgebaut. Etwa die Hälfte des Daches wurde neu gedeckt – mit gebrauchten Biberschwanzziegeln. Die Fassade versah der Bauherr mit einem Sumpfkalkputz, Fenster- und Türgewände setzte er plastisch ab. Die Farbgebung – rotes Dach, grüne Dachrinne, grüne Fensterläden, weißer Putz – entspricht wieder der ursprünglichen Fassung. Auch der markante Fachwerkgiebel strahlt wieder wie einst. Zimmermanns geschickte Hände halfen auch im Inneren: Bei der Holzspindeltreppe ins Obergeschoss – einer der letzten im Landkreis – hat er alle Stufen aufgearbeitet. Er machte die unter Putz verborgene Holzbalkendecke in der neu gestalteten Küchen-Ess-Stube wieder sichtbar, zog dazu einen nicht sichtbaren Stahlträger ein und verstärkte die Balkenenden mit kaum sichtbaren Stahlflanschen. An der Stelle, an der früher der Backofen stand, ist in einem kleinen Anbau heute ein modernes Bad mit Sauna. Die ehemalige Holzscheune baute er zu einem Kursraum um, in dem bis zu 20 Personen bei einem Töpferkurs Platz finden. Und im ehemaligen Stall residiert heute die Werkstatt, in der Zimmermann seine Gefäße an der Scheibe dreht – wenn er mal ohne Zuschauer bleiben will.

Standort: Birkenstraße 9, 95186 Höchstädt im Fichtelgebirge
Bauherr: Fred Zimmermann, Birkenstraße 9, 95186 Höchstädt im Fichtelgebirge

Wohnhaus mit Ferienwohnung

Tröstau

F11 Mit dem, was der Naturraum Fichtelgebirge an Ressourcen bietet, möchte Volker Dittmar arbeiten. „Die Landschaft ins Haus holen“, sagt der Ethnologe und Museumsleiter dazu. Mit Materialien aus Wald, Flur und Steinbrüchen baut Dittmar seit 1989 in einem kontinuierlichen Prozess sein ursprünglich als „Trüpfhaus“ mit Stall und Scheune errichtetes, später mehrfach erweitertes Wohnstallhaus aus- und um. Fast verwindungsfreies Mondphasenholz, das im Winter in einem Wald nahe der Vordorfermühle geschlagen wurde, dient beispielsweise als Bretterverschalung für Dach- und Scheunenausbau. Wunsiedler Marmor und blauer Kösseine-Granit kamen in den Bädern zum Einsatz. Alte Granitplatten und Pflastersteine aus der Umgebung wurden für den Hofraum verwendet. Nur der Thüringische Naturschiefer für die neue Dacheindeckung kommt aus dem 100 Kilometer entfernten Unterloquitz. Da, wo möglich und passend, wurden historische Bauteile zu Reparaturzwecken oder Ergänzungen wiederverwendet – etwa handgestrichene Fliesen, Türen, mundgeblasenes Fensterglas und handgehauene Balken. All das stammt aus Abbruchhäusern aus dem näheren Umland. Auch die hartgebrannten Ziegel und Steine für den nach alter Form errichteten Backofen sind recycelt. Das Haus, in dessen hinterem Scheunenteil sich seit 2014 auch eine außergewöhnliche Ferienwohnung befindet, glänzt mit spannenden Details – beispielsweise einer Hypokausten-Heizung, einer Stuckdecke mit barockem Kartuschenfeld oder rekonstruierten Schablonen-Malereien. – Vielleicht nicht das ganze, aber doch vieles vom Fichtelgebirge in einem Haus.

Auszeichnung: Bayerische Denkmalschutzmedaille 1993
Denkmalschutzpreis der Hypo-Kulturstiftung 1994, Anerkennung
Standort: Vierst 7, 95709 Tröstau
Bauherr: Volker Dittmar, Vierst 7, 95709 Tröstau

Im Entstehen

Glasschleif
Marktredwitz

G1 Für die doch überschaubaren Dimensionen von vormodernen Gebäuden ist es in der Regel nicht so schwer, ein geeignetes Nutzungskonzept zu finden. Sofern die Finanzierung gesichert ist und sich das Gebäude auf längere Sicht wirtschaftlich betreiben lässt. Bauten der Moderne mit teilweise gigantischen Dimensionen dagegen bringen für Kommunen, Denkmalschützer und mögliche Investoren erhebliche Probleme mit sich. Für die 250 000 Quadratmeter des Quelle-Versand- und Kaufhauses in Nürnberg wie für das 350 Meter lange Neckermann-Versandhaus in Frankfurt – beide unter Denkmalschutz, beide leer stehend – wird jeweils seit einem Jahrzehnt ein Investor gesucht, der die Gebäude denkmal-gerecht sanieren und nutzen kann. Die Große Kreisstadt Selb strengt sich seit mittlerweile 15 Jahren an, mit einem Investor das bekannte, vis-à-vis vom Rathaus gelegene Kaufhaus Storg zu revitalisieren. Vergeblich, letzter Stand im November 2021: Das 1974 fertiggestellte Gebäude mit seinen 4 000 Quadratmetern wird – wie so viele andere Produktionshallen der Selber Porzellanindustrie auch – abgerissen. So nimmt es kein Wunder, dass auch die Große

Kreisstadt Marktredwitz eine ganze Weile benötigte, ein tragfähiges, solide finanziertes Investitions- und Nutzungskonzept für die 69 Meter lange „Glasschleif" zu finden.

Freilich, die Glasschleif ist ein Denkmal nationalen Ranges. Und das schönste Relikt der frühen Industrialisierung Hochfrankens. Kunsthistoriker vergleichen den 1912 fertiggestellten Bau mit seinen kolossalen Rundbogenfenstern, kannelierten Pfeilern und geschwungenen Giebeln an den Stirnfassaden mit Peter Behrens' berühmter AEG-Turbinenhalle in Berlin. Ein besonderer Glanzpunkt: die ebenso kühne wie fragil wirkende Dachkonstruktion. Die nach ihrem Erfinder, dem französischen Eisenbahningenieur Camille Polonceau, benannten Stahlfachwerk-Binder überspannen stützenfrei das Hauptgebäude in seiner vollen Breite von 32 Metern – und lassen deshalb eine Reihe von Nutzungsmöglichkeiten zu. Und diese Träger werden – nach angesichts der Dimensionen geringfügigen Reparaturen und einem frischen Rostschutzanstrich – auch weiterhin tadellos ihren Dienst verrichten. Eines der renommiertesten deutschen Statikbüros hat dies überprüft.

Nun ist die Glasschleif eigentlich nur ein Erweiterungsbau. Die Einrichtung des Eisenbahnknotenpunktes in Verbindung mit dem 1878 eröffneten Bahnhof brachte der Marktgemeinde Redwitz einen massiven Entwicklungsschub. 1907 hatte sie Stadtrecht erlangt, hieß nun offiziell Marktredwitz und wandelte sich zur Industriestadt. Ackerland und Wiesen nördlich der heutigen Bauerstraße wies die Kommune als neues Industriegebiet aus. Die Nähe zum Bahnhof war entscheidend. Hier siedelte beispielsweise Sigmund Scherdel, Stammvater der heute weltweit tätigen Scherdel-Gruppe, eine erste Drahtzieherei an. In der Nachbarschaft baute die aus Fürth stammende Firma Seligmann Bendit & Söhne 1887 eine Spiegelglasfabrik. Die wurde bald zu klein. Der ebenfalls aus Fürth stammende Architekt Jean Voigt zeichnete, der rührige Marktredwitzer Bauunternehmer Friedrich Mühlhöfer baute: Ergebnis war eine riesige, 14 Meter hohe Produktionshalle mit 55 000 Kubikmeter umbautem Raum. Etwa 68 Einfamilienhäuser würden, hat die Stadtverwaltung ausgerechnet, in die Glasschleif passen.

Schon 1932 musste aufgrund wirtschaftlicher Turbulenzen der Betrieb eingestellt werden, die jüdischen Firmeneigentürmer konnten noch rechtzeitig emigrieren. Die „Vereinigte Glasschleif- und Polierwerke-GmbH" nutzte von 1950 bis Anfang der 1980er Jahre die Halle, bis sie 1983 Insolvenz anmelden musste. Die Stadt erwarb Grundstück und Gebäude und nutzte sie wenig sensibel als Bauhof. In der Euphorie nach der grenzübergreifenden Landesgartenschau 2004 schmiedete man auch Pläne für die Glasschleif. Sie sollte eine „multifunktionale Kultur- und Veranstaltungshalle" werden, ein entsprechender Wettbewerb wurde ausgeschrieben. Auf die Euphorie folgte die →

Ernüchterung, angesichts konkurrierender Hallen in Hof, Bayreuth und Weiden erwiesen sich die Pläne als allzu hochfliegend und nicht finanzierbar.
Seit 2019 baut man nun an einer multifunktionalen Kultur- und Veranstaltungshalle, die aber, weil sie nicht beheizt wird, vor allem im Sommer betrieben werden soll. Der Fachterminus heißt: „temperierte Kalthalle“. In warmen Monaten sollen Messen, Modenschauen und Automobilausstellungen stattfinden, Kongresse, Konferenzen und Konzerte usw. Auch an Großhochzeiten, Firmenfeste und Kleinzierzuchtvereine ist gedacht. Der raue, ungehobelte Charakter des Industriegebäudes soll erhalten bleiben, Wände und Böden nur gesäubert und grundiert, die Einbauten sollen auf das technisch Notwendige beschränkt werden: Strom, Wasser, Licht, eine technische Grundausstattung und Stühle. Den Rest sollen die Veranstalter selbst stellen, wobei die große Halle im Erdgeschoss 2100 Quadratmeter bietet – d.h. etwa 1600 Sitz- und 3000 Stehplätze.
Zuerst hat man den ohnehin maroden Nordflügel abgerissen. In einem zweiten Bauabschnitt erfolgten die Entkernung der Halle und die Sanierung der Gebäudehülle in Absprache mit dem Landesamt für Denkmalpflege. Eine Folge davon ist, dass mit neuen Oberlichtern ungefähr der ursprüngliche Glasanteil im Dach wiederhergestellt wurde und mehr Sonnenlicht in die Halle fällt. Für die großen und vielsprossigen Fenster an den Längsseiten sind Ende 2021 noch mehrere Varianten im Gespräch. Im dritten Bauabschnitt ist die Revitalisierung des Untergeschosses geplant, das künftig Künstlergarderoben, Sanitär- und Technikräume und einen großen Fluchtweg beherbergen soll. Darüber hinaus ist in diesem von den mächtigen Backstein Fundamenten für die tonnenschweren Glasschleif-Maschinen geprägten Räumen ein öffentlich zugängliches Kunst- und Kulturdepot geplant. 2023 soll alles fertig sein. Die Stadt Marktredwitz hatte sich sehr erfolgreich um Fördermittel für den Umbau der Glasschleif bemüht. Neben Zuschüssen von Bund, Städtebauförderung und Oberfrankenstiftung gibt es nun auch Fördergelder von der Europäischen Union – doch sind sie zeitlich befristet, werden aber wegen der Pandemie wohl verlängert. Und dann hält endlich Kultur in diesem beeindruckenden Industriedenkmal Einzug.

Sanierung: 2019–2023
Standort: Bauerstraße 3, 95615 Marktredwitz
Bauherrin: Stadt Marktredwitz, Egerstraße 2, 95615 Marktredwitz
Planung: ARGE
Grellmann Kriebel Teichmann & Partner, Würzburg/Bamberg
lab landschaftsarchitektur brenner, Landshut
Kuchenreuther Architekten Stadtplaner, Marktredwitz

Mehrfamilienhaus
Hohenberg a. d. Eger

G2 Als „Glücksfall für Hohenberg " und „Wahnsinnsgeschichte" hat der Bürgermeister des Städtchens, Jürgen Hoffmann, die Aktivitäten von Tatjana und Georg Kaiser bezeichnet. Denn das Ehepaar – sie stammt aus dem benachbarten Silberbach, er aus Hohenberg, aber beide seit mehr als 20 Jahren in Berlin lebend – kauft alte, leer stehende, manchmal dem Verfall preisgegebene Häuser, saniert und modernisiert diese und führt sie einer neuen Nutzung zu. Und, so nochmal Hoffmann, tragen auf diese Weise zur positiven Entwicklung der Stadt bei. Das sogenannte Schönauer Haus in der Selber Straße 29 beherbergte in den vergangenen Jahrzehnten Ferienwohnungen. Seit der Wende 1989/90 wurde es aber kaum noch benutzt, war deshalb in einem beklagenswerten Zustand. Die Kaisers kauften es 2018 und wollen es nach einem Sanierungs- und Umbaukonzept von Peter Kuchenreuther zu einem Wohngebäude mit vier modernen, unterschiedlich großen Mietwohnungen umwidmen. Der 1490 erstmals erwähnte Bau ist ein Musterbeispiel für ein gewachsenes Haus, das in mehreren Bauphasen erweitert wurde – was man an Gewölben und Materialien erkennen kann. Nach Norden zur Straße hin wird auf die korrekte historische Anmutung – inklusive Gaubenreihen, Holzkastenfenster und aufgearbeiteter Granitsockel – geachtet, zur Hofseite nach Süden bekommt jede Wohnung einen Außenraum – sei es Terrasse, geräumiger Balkon oder Dachloggia. Einen Kellerersatzraum bietet das Erdgeschoss. Die Region hat einen großen Nachholbedarf an qualifiziertem, modernem Wohnraum. Dass dieser auch in einem denkmalgeschützten Gebäude realisiert werden kann, ist wohl nicht nur aus Sicht eines Kommunalpolitikers ein Glücksfall.

Sanierung: 2019–2022
Standort: Selber Straße 29, 95691 Hohenberg a. d. Eger
Bauherr: G. Kaiser Holistic Capital, Eichkampstraße 122, 14055 Berlin
Planung: Kuchenreuther Architekten/Stadtplaner, Markt 12–14, 95615 Marktredwitz

Goldner Löwe

Kirchenlamitz

G3 2006 wurde die Revitalisierung des „Goldnen Löwen" zu Kirchenlamitz diskutiert – im Rahmen des „Interkommunalen Entwicklungskonzeptes – Zukunft Nördliches Fichtelgebirge". Wenn alles gut geht, wird man den ehemaligen Gasthof im Frühherbst 2022 wieder eröffnen können. Kommunalpolitische Mühlen mahlen langsam – vor allem dann, wenn finanzielle Mittel begrenzt sind. Kirchenlamitz musste bis 2016 warten – bis zum Beschluss der Bayerischen Staatsregierung, eine „Förderoffensive Nordostbayern" mit erhöhten Fördersätzen in Gang zu bringen. Der 1833 am Marktplatz, gegenüber vom Rathaus errichtete Gasthof war einst gesellschaftliches Zentrum, stand freilich zuletzt jahrzehntelang leer und verfiel im Inneren zusehends. Und so ließ die Aktivität der Kommunalpolitiker – allen voran Bürgermeister Thomas Schwarz – nicht nach, diesen Schandfleck an so prominenter Stelle zu beseitigen und den Ort wiederzubeleben. Zwar nicht mehr als Wirtshaus, aber doch mit attraktiven Nutzungen: In die Räume der ehemaligen Schankstube im Erdgeschoss wird die Stadtbibliothek einziehen. An diese schließen sich ein Multifunktionsraum und ein schöner Gewölbesaal an. Beide Räume kann man für Vorträge, Ausstellungen oder Lesungen der Bücherei, aber auch für andere Veranstaltungen nutzen. Im hinteren Bereich des Erdgeschosses gibt es zwei Büros – etwa für die Initiative „Zukunft Kirchenlamitz". Vom Haupteingang des Gebäudekomplexes führt – flankiert vom Eingang zur Bibliothek auf der einen und öffentlichen Toiletten auf der anderen Seite – eine Passage zum Innenhof. Ausgestattet mit Bühne, Baum und Sitzbänken wird er multifunktional bespielbar sein. Das neu strukturierte Obergeschoss wird insgesamt fünf zwischen 60 und 100 Quadratmeter große und moderne Wohnungen beherbergen. Der revitalisierte „Goldne Löwe" wird wieder gesellschaftliches Zentrum.

Sanierung: 2018–2022
Standort: Marktplatz 10, 95158 Kirchenlamitz
Bauherrin: Stadt Kirchenlamitz, Marktplatz 3, 95158 Kirchenlamitz
Planung: Kuchenreuther Architekten/Stadtplaner, Markt 12–14, 95615 Marktredwitz

Goldener Löwe

Marktredwitz-Dörflas

G4 Gleichsam adeliger Herkunft ist der „Goldene Löwe" am Südende des Dörflaser Zipprothplatzes. Das Gebäude hatte Hans von Sparneck Mitte des 16. Jahrhunderts gebaut, um seiner Familie einen würdevollen Sitz zu verschaffen. Davon zeugt noch die repräsentativ-breite Treppe ins erste Obergeschoss, ein Stück des Balustraden-Geländers und natürlich die Wappentafel oberhalb der zweiflügeligen Eingangstür. Als Wirtshaus mit Brauerei dient das immer wieder umgebaute und erweiterte Gebäude seit 1655, der Name „Goldener Löwe" taucht erstmals 1826 auf.

Die Gaststätte war mal die erste Adresse der Stadt – und soll es nach dem Willen ihrer neuen Besitzer, Krystina und Reinhard Stegert, die das Haus 2015 ersteigerten, auch wieder werden. Ob Vortrag oder Konzert, ob Hochzeit oder Jubiläumsfeier, ob gutbürgerlich oder elegant, ob mit dunkel getäfelten Wänden, unter einer Barockdecke oder zwischen mächtigen Kellermauern: Auf die Besucher warten insgesamt acht Gasträume auf drei Etagen mit jeweils eigener Atmosphäre. Um letztere zu schaffen, verwendeten Eigentümer, Architekten und Handwerker viel Mühe und Sorgfalt: reparierten, restaurierten und renovierten alte Decken, Böden, Putze, Anstriche, Türen und Beschläge. Ergänzten mit allerlei Material aus Abbruchhäusern und historischen Möbeln. Die Stadt Marktredwitz steckt derzeit viel Geld in die Revitalisierung des Stadtteils Dörflas – und hofft auf weitere private Investitionen. Der alt-neue „Goldene Löwe" ist in dieser Hinsicht ein Vorbild.

Sanierung: 2019–2022
Standort: Zipprothplatz 7, 95615 Marktredwitz
Bauherren: Krystina und Reinhard Stegert, Thölauerstraße 20, 95615 Marktredwitz
Planung: Plaßarchitektur, Burgstraße 8, 95707 Thiersheim

Gasthof z. gold. Löwen

Markgräfliches Fischhaus

Weißenstadt

G5 Eine ganze Weile lang hatte die Denkmalinventarisierung die Entstehungszeit der Villa unten in der Egeraue, südlich der Weißenstädter Altstadt, auf das Jahr 1905 geschätzt. Das Walmdach wurde erwähnenswert empfunden, zwei „Balkonvorbauten“ und die „Parkanlage“. 2015 allerdings erwarben Carolin und Tino Jahreis sowie ihr langjähriger Freund Michael Reinel das Anwesen – und ließen der Sache auf den Grund gehen. Im Zuge der Sanierungsvorbereitung stellte sich heraus, dass das Gebäude bereits 1752/53 als markgräfliches Fischhaus neu errichtet wurde und von 1800 an als Forsthaus diente. 1904 ersteigerte es Wilhelm Wirth, Chef der benachbarten Ackermann'schen Granitwerke an der Bayreuther Straße, die wenig später in der Steinindustriefirma Grasyma aufgehen sollten. Wirth baute das barocke Amtshaus zu einer repräsentativen Villa um. Besagte Standerker betonen zusammen mit einer aufwändigen, turmbekrönten Giebelgaube den Eingang, die bauzeitliche Baluster-Podesttreppe wurde durch einen Treppenhausanbau mit einer zweiläufigen und – obwohl es seltsam klingt – höchst filigranen Granittreppe ersetzt, die von außergewöhnlicher Qualität ist. Zwar stand das Haus knapp 20 Jahre lang leer, zwar hatte es große Schäden aufzuweisen – Hausschwamm, Feuchtigkeit, durchgefaulte Deckenbalken –, zwar musste es von den neuen Eigentümern erstmal notgesichert werden, dennoch ist es ein Schatzkästlein. Beispielsweise ist von der „wandfesten Ausstattung“ – kannelierte Türen, feine Stuckdecken, Beschläge, Böden, aber auch die dreiflügeligen, bunten Jugendstilfenster in den Erkern – sehr vieles erhalten. Dies alles wird mit einem großen Anteil an Eigenleistung nun fachgerecht wiederhergestellt bzw. restauriert, wobei das Gebäude – bei gemeinsamer Erdgeschossnutzung – zu einem Wohnhaus für zwei Haushalte umgebaut wird. Weihnachten 2022, hoffen die Bauherren, in ihrem sanierten Haus feiern zu können. Dessen Fassade soll dann wieder im markgräflichen Ocker erstrahlen und die nachträglichen – etwa 1905 hinzugekommenen – Veränderungen farblich abgesetzt werden.

Sanierung: 2019–22
Standort: Bayreuther Straße 5, 95163 Weißenstadt
Bauherren: Tino und Carolin Jahreis sowie Michael Reinel, Bayreutherstraße 5, 95163 Weißenstadt
Planung: Planungsgruppe Nordbayern, Volkmar Braun, Hofer Straße 13b, 95632 Wunsiedel

Gutshof Haideck

Oberkotzau

G6 „Wohnstallhaus“ heißt es im Denkmalinventar – ganz bescheiden. Die Bemerkung „Ökonomiehof“ zum ebenfalls inventarisierten Nebengebäude führt da eher auf die Spur. Denn in Wahrheit ist es ein doch herrschaftliches Haus, das einst mit ehemals drei Nebengebäuden als Gutshof zur Versorgung für die Freiherren von Kotzau diente. Diese residierten im Schloss Oberkotzau und ließen 1745 den Ökonomiehof in Haideck errichten. Als Bauernhof fungierte dieser noch nach dem Zweiten Weltkrieg, bevor in den 1960er Jahren eine Forstbaumschule einzog. Letztere ging, nun ja, eher robust mit dem Anwesen um. Dass etwa zwei völlig unpassende Alu-Glas-Haustüren eingesetzt wurden, dass der Boden im ehemaligen Stall fast um einen halben Meter erhöht und dabei eine tragende Säule schwer geschädigt wurde, waren angesichts von Kontaminierungen mit gesundheitsgefährlichen Stoffen sowie großen Schäden durch Hausschwamm und Feuchtigkeit fast Nebensächlichkeiten. Seit 2019 wird der Gutshof zu einem Wohnhaus für eine größere Familie umgebaut, wobei die Bauherren auszeichnet, dass sie für eine denkmalgerechte Sanierung neben einer erfahrenen Architektin auch Handwerker engagierten, welche die alten Techniken noch beherrschen. So konnte man etwa die sphärischen, unregelmäßigen Gewölbe erhalten, musste dazu aber zwischen Erd- und Obergeschoss einen Ringanker mit drei Zugbändern einziehen. Die Rundbogenfenster zur Südseite, die in die zuvor recht dunklen, nur mit kleinen Stallfenstern ausgestatteten Erdgeschossräumen eingebaut wurden, folgen der Logik des barocken Gebäudes und sind doch als neue Zutaten ablesbar. Und: Das Haus erstrahlt nun wieder in seiner ursprünglichen noblen Anmutung. Dies ist neben dem neu mit Schiefer gedeckten Mansarddach vor allem seiner in vielerlei orangeroten Tönen leuchtenden Fassade zu verdanken.. Dieser Effekt wurde durch einen Kalksinterwasser-Anstrich erreicht, den die Maler als Fresco, d.h. auf den frischen Kalkputz, auftrugen. Gut gemacht!

Sanierung: 2019–2022
Standort: Haideck 8, 95145 Oberkotzau
Planung: Architektur con Terra, Sabine Rothfuß, Rittern 7, 91741 Theilenhofen

Wohnstallhaus

Sparneck

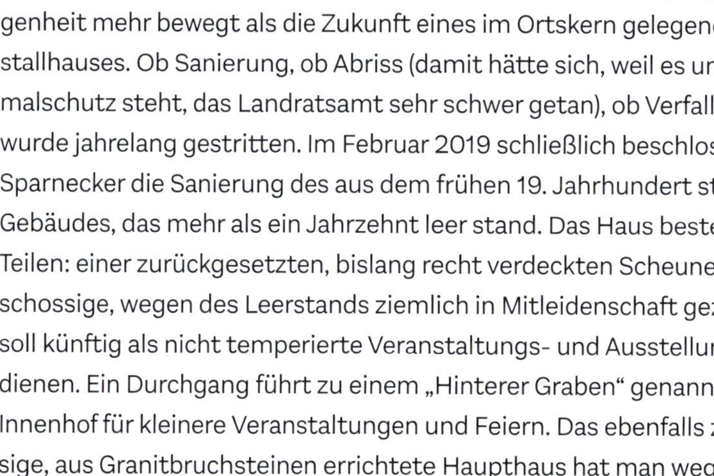

G7 Schier endlose Diskussionen, Berichte in Funk und Fernsehen, ein Bürgerbegehren, ein anschließender Bürgerentscheid, der wegen verwirrender Fragestellung wiederholt werden musste: Kaum ein Thema hat die knapp 1600 Einwohner der Marktgemeinde Sparneck in jüngster Vergangenheit mehr bewegt als die Zukunft eines im Ortskern gelegenen Wohnstallhauses. Ob Sanierung, ob Abriss (damit hätte sich, weil es unter Denkmalschutz steht, das Landratsamt sehr schwer getan), ob Verfall – darüber wurde jahrelang gestritten. Im Februar 2019 schließlich beschlossen die Sparnecker die Sanierung des aus dem frühen 19. Jahrhundert stammenden Gebäudes, das mehr als ein Jahrzehnt leer stand. Das Haus besteht aus zwei Teilen: einer zurückgesetzten, bislang recht verdeckten Scheune. Der zweigeschossige, wegen des Leerstands ziemlich in Mitleidenschaft gezogene Bau soll künftig als nicht temperierte Veranstaltungs- und Ausstellungshalle dienen. Ein Durchgang führt zu einem „Hinterer Graben“ genannten, intimen Innenhof für kleinere Veranstaltungen und Feiern. Das ebenfalls zweigeschossige, aus Granitbruchsteinen errichtete Haupthaus hat man wegen der besseren Sichtbarkeit der Scheune um zwei nachträglich errichtete Fensterachsen wieder gekürzt (und darüber hinaus eine Zufahrt zu dieser geschaffen). Das Erdgeschoss soll vor allem den Vereinen des Ortes dienen, das Obergeschoss soll gewerblich vermietet werden. Wenn es gelingt, das Haus mit Leben zu füllen, haben sich die Diskussionen gelohnt – und die hohen staatlichen Fördermittel ihren Zweck erfüllt.

Sanierung: 2019–2022
Standort: Münchberger Straße 1, 95234 Sparneck
Bauherrin: Marktgemeinde Sparneck, Marktplatz 4, 95234 Sparneck
Planung: Plaßarchitektur, Burgstraße 8, 95707 Thiersheim

Kesselhaus
Marktredwitz

G8 Die „Überschaubar" war spitze. Und eine *der* Attraktionen der Landesgartenschau Marktredwitz 2006. Über eine Stahltreppe hinauf konnte man auf das Dach des 20 Meter hohen Kesselhauses steigen und auf einer Aussichtsplattform über das ganzeAreal der gerade zum Naherholungsgebiet gewandelten Industriebrache der ehemaligen Buntweberei Benker schauen. Sollte die Vorplanung von „DIE HALLE architekten" Realität werden, könnte ein Teil dieses industriellen Erbes konserviert werden. Nach einem städtebaulichen Wettbewerb sieht die Stadt Marktredwitz vor, dass neben besagtem Naherholungsgebiet in den kommenden Jahren auf der ihr zugewandten Seite ein Behörden-, Arbeits- und Wohnquartier entstehen soll. So weit, so Standard. Die (Heiz-) Energie soll in dem ehemaligen Turbinengebäude gewonnen werden, der einst stillgelegte Kamin wird dadurch wieder rauchen. Im unmittelbar angrenzenden Kesselhaus werden Gastronomie und Kultur Einzug erhalten. Das ganzjährlig zu betreibende Restaurant im Erdgeschoss soll mit einer wärmegedämmten Hülle versehen werden, die Wände und das Oberlicht allerdings sind als transparente Glaskonstruktionen geplant – das „Box-in-Box-Prinzip". Oberhalb der Gaststätte werden alle vorhandenen Ebenen des Kesselhauses begehbar und für Ausstellungen und andere kulturelle Veranstaltungen nutzbar gemacht – aber ohne Wärmedämmung. Um die Ebenen zu verbinden, wird die vorhandene, außenliegende Treppenanlage zur „Überschaubar" erweitert und durch Öffnungen ins Gebäude ergänzt. Zusätzlich soll ein gläserner Aufzug eingebaut werden. Wesentlich, so die Architekten, ist der Erhalt der von der industriellen Nutzung geprägten, rauen Atmosphäre, die in diesem Raum unmittelbar erlebt werden und der Öffentlichkeit zugänglich gemacht werden kann.

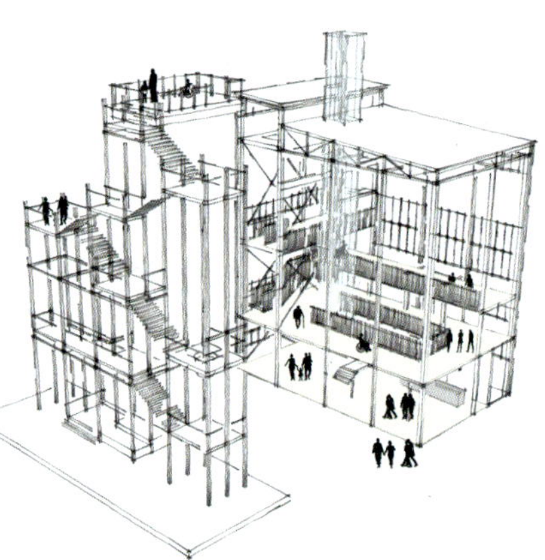

Planungszeit: von 2020 an
Standort: Fabrikstraße 12, 95615 Marktredwitz
Bauherrin: Stadtentwicklungs- und Wohnungsbau GmbH Marktredwitz, Böttgerstraße 10, 95615 Marktredwitz
Planung: DIE HALLE architekten, Schützenstraße 14, 95028 Hof

Redaktionsteam

Auf der Treppe

Dr. Kathrin Gentner, Konservatorin BLfD

Dr. Ulrich Kahle, Hauptkonservator a.D., BLfD

Dipl.-Ing. Architektin Marion Resch-Heckel, Mitglied des Landesdenkmalrats

Arnd Rüttger, Grafikdesigner, Verlag sehdition

Vor der Treppe

Dipl.-Ing. Univ. Architekt BDA / Stadtplaner Peter Kuchenreuther, ArchitekturTreff Hochfranken

Dipl. Des. (FH) Gerhard Hagen, Architekturfotograf, Verlag sehdition

Enrico Santifaller, Architekturjournalist + Autor BDA ao.

Gerhard Schlötzer, Fotograf

Nicht im Bild

Wolfgang Schilling, ehem. stellv. Direktor des Porzellanikons

Heike Rödel, Büro Kuchenreuther, Projekt-Organisation

Bildnachweis

Fotografen des Bandes

Gerhard Schlötzer, Bamberg
Umschlagfoto, 14, 15 (li.), 16 (Mitte), 17 (4x); 19 (1. und 3. von oben), 20 (3x), 21 (re.), 24/25, 26 (3x), 27, 29, 30 (4x), 31, 35 (oben), 36 (3x), 37 (2x), 38 (3x), 39 (2x), 42 (3x), 43, 46/47, 52 (3x), 53, 55, 56 (2x), 57, 58 (3x), 59 (2x), 60/61, 62, 63 (2x), 64 (2x), 65, 66 (2x), 67 (2x), 70 (3x), 71, 78 (2x), 79 (2x), 81 (2x), 82 (2x), 83, 84 (2x), 85 (2x), 86 (3x), 87, 88/89, 90, 91, 92 (3x), 93 (2x), 94 (2x), 95, 96 (oben), 98 (2x), 99, 100 (3x), 101 (2x), 102 (3x), 103, 104, 105, 106/107, 108, 109 (4x), 110 (3x), 111 (2x), 114 (oben), 115 (2x), 116 (2x), 117, 121, 122 (oben, Mitte), 123, 124 (oben), 125 (2x), 127 (2x), 130/131, 132, 133, 134 (3x), 136 (2x), 137 (2x), 138 (3x), 139 (4x), 141, 142 (2x), 143, 144 (2x), 145 (2x), 146 (2x), 147 (2x), 148 (3x), 149, 151 (oben), 152 (3x), 153 (2x), 154 (2x), 155 (2x), 156 (2x), 157 (2x), 158 (2x), 159 (2x), 166 (unten), 167 (2x), 168 (2x unten), 169, 172 (2x oben), 173, 174 (2x), 175 (2x), 176 (2x), 177, 182 (Gruppenfoto), Umschlagrückseite (4x)

Gerhard Hagen, Bamberg
15 (re.), 16 (li.), 19 (4. von oben), 32 (3x), 33, 34 (2x), 35 (unten), 44 (3x), 45, 74 (Mitte, unten), 75, 77 (oben), 96 (unten), 97, 112 (3 x), 113, 118 (3x), 119 (2x), 120 (re.), 160/161, 162, 163 (4x), 164 (3x) , 165 (2x), 170 (2x), 171, 178 (li.), 179

Weitere Aufnahmen von

Architektur con Terra, Sabine Rothfuß
174 (Skizze)

Bauernhofmuseum Kleinlosnitz
140 (3x)

Bayerisches Landesamt für Denkmalpflege; David Laudien
28 (3x)

Ralph Böttig, Die Halle Architekten, Hof
19 (2. von oben), 50, 51 (2x), 54 (2x), 122 (unten), 178 (re.)

Büro Peter Kuchenreuther
23 (li.), 166 (Skizze), 168 (Skizze, Foto links Mitte)

DIE HALLE architekten, Hof
178 (Skizze)

Volker Dittmar, Tröstau
22 (oben)

Alexander Feig, Selb
16 (re.), 18 (3x), 21 (li., Mitte), 22 (3., 4. von oben), 48 (3x), 49, 68 (3x), 69, 72 (2x), 73 (2x), 74 (oben), 76 (2x), 77 (unten), 150 (2x), 151 (unten), 180/181

Peter Hilgarth
120 (li.)

Marie Luisa Jünger
15 (Mitte), 126, 128 (unten), 129 (li.)

Peter Manev
124 (unten)

Nele Martensen, Hamburg
114 (Mitte, unten)

Constantin Meyer, Köln
22 (2. von oben), 128 (oben), 129 (re.)

Planungsgruppe Nordbayern, Volkmar Braun
172 (Skizze)

Gerhard Plaß
170 (Skizze), 176 (Skizze)

Enrico Santifaller
23 (Mitte, re.)

Robert Schlotter
40 (3x), 41

www.sehdition.de